자재 · 재고관리

이론과 실제

김 정

무역경영사

머리말

최근 TI 기술은 생산 현장에 더욱 급속하게 응용되고 있으며, 이에 따라서 생산 현장의 관리 기술에 많은 영향을 주고 있다. 오늘날에는 기업 간의 경쟁이 더욱 심화되고 있으며, 관리 낭비의 최소화를 통한 생산성 향상은 기업 경쟁력에 매우 중요한 역할을 한다.

제조업에서 자재가 생산비용에서 차지하는 비중은 매우 크다. 따라서 자재의 효율적인 운용은 기업이 경쟁력을 확보하는데 중요한 관리 요소라고 할 수 있다.

한편 IT 기술의 적용을 통한 스마트공장에서의 자재관리는 기업이 경쟁력을 확보하고 나아가 기업 경영의 선진화를 이룰 수 있는 핵심 사항이라고 할 수 있다.

위와 같은 흐름을 반영하여 자재 · 재고관리의 이론과 실습을 위한 교재를 집필하였으며, 본 교재의 주요 내용은 다음과 같다.

첫째, 자재관리의 이론을 서술하였다. 공급사슬관리 관점에서 자재관리와 자재관리의 일반 이론을 서술하였다.

둘째, 스마트공장에서의 자재관리 방향을 서술하였다. 스마트 공장에서의 자재관리를 위한 MES(Manufacturing Execution System)의 기본적인 구성을 신안산대학교 산업경영과에서 설치, 교육용으로 활용하고 있는 시스템을 개략적으로 서술하였다. 그리고 프로그램 운영 방법을 사례를 이용하여 설명하였다.

셋째, 전통적인 종속수요품목의 재고관리 방법인 MRP(Material Requirement Planning)의 필수 요소인 BOM(Bill Of Material)의 구성을 MES에서 어떻게 구성하고 생산 현장에서 적용할 수 있는지를 사례를 통해서 설명하였다.

넷째, 독립수요품목의 재고관리와 재고정책 등을 서술하였다.

아직까지 갈 길이 멀다고 느껴지기는 하지만 생산 및 재고관리 전공자들이 본 교재를 통해서 오늘날의 현장에서 실제로 운용되고 있는 생산 및 자재관리시스템의 예를 접하여 학습하게 된다면 스마트공장의 현장에서 당황하지 않고 좀 더 빠르게 업무를 익히고 적용할 수 있으리라 판단되며, 또한 그렇게 되기를 희망한다.

본 교재가 나오기까지 관심과 배려를 아끼지 않으신 무역경영사 사장님과 이은 권상무님께 진심으로 감사드립니다. 또한 교육용 MES 프로그램 개발을 위하여 애써 주신 ISOS 김홍제 사장님께 감사드리며 하시는 사업이 날로 번창하기를 기원드립니다.

2019년 8월

신안산대학교 산업경영과 교수
김 정 올림

차 례

Chapter 01 공급사슬에서의 자재관리

Chapter 02 자재관리 일반

Chapter 03 자재소요계획

Chapter 04 MES의 이해

Chapter 05 독립수요의 재고관리

제1장

공급사슬에서의 자재관리

1. 공급사슬관리의 출현
2. 공급사슬관리의 의의
3. 공급사슬관리의 필요성
4. 공급사슬관리의 기대효과
5. 공급사슬관리와 자재관리

1. 공급사슬관리의 출현

인류가 시작된 이후부터 오늘에 이르기까지 생산을 통해서 인간은 자신들이 필요로 하는 것들을 획득하며 생활을 영위해 왔다. 원시사회에서는 수렵을 통해서 원하는 것을 획득하고자 다양한 도구들을 만들어서 사용하기도 하였고, 농경사회에 들어서면서 농사를 통해서 곡물 등을 생산하였다. 생산된 산출물은 다양한 방식으로 유통되면서 경제사회는 더욱 활성화되었다. 근현대에 들어서면서 생산기술이 보다 전문화되고, 세분화되면서 공업화가 진행되었다. 오늘날 고객들은 매장에 나가면 상거래를 통해서 자신들이 원하는 것들을 획득할 수 있다.

한 고객이 과일 주스를 구매하고자 매장에서 쇼핑을 한다고 가정하자. 매장은 고객의 요구에 대응하여 과일 주스를 갖추고 있다. 매장이 갖추고 있는 과일 주스는 생산자에 의해 만들어졌고, 물류창고에 저장되어 있다가 매장으로 운반되어 진열되고 있다. 운송에 이용된 차량과 인력은 운송을 전문적으로 수행하기 위해 설립된 물류전문회사에 소속되어 있기도 하지만, 과일 주스를 생산한 제조업자가 운영하고 있을 수도 있다. 이러한 일련의 과정을 그림으로 나타내면 다음과 같다.

그림 1.1 과일주스 제품흐름의 예

고객 ← 판매상 ← 물류센터 ← 운수업자 ← 생산(가공) ← 조달(재배)

과일 주스를 제조한 제조업자는 주스 생산에 필요한 원재료를 과일을 재배한 재배업자들을 통해서 구매한다. 과일 구매를 위해서 구매업자들과 협상을 진행하고 구매계약을 체결한다. 제조업자는 과일 주스를 포장하기 위한 포장지를 필요로 한다. 포장지를 확보하기 위해서도 포장지 제조업자와 구매계약을 체결한다. 계약을 통해서 구매된 과일이나 포장 자재 등은 자사의 창고로 운반되어 저장되어 있다가 필요로 하는 시기에 불출되어 과일 주스의 제조에 사용된다. 완성된 제품을 고객 가까이 배치하기 위한 전략을 세우고, 필요한 경우에는 물류센터와 계약을 체결하고 제품을 물류센터에 저장해 두고 도 · 소매상으로 배송된다. 도 · 소매상에서는 고객의 요구에 부응하기 위하여 과일 주스의 수요를 고려하면서 일정한 양의 재고를 확보해 두었다가 어느 정도 재고의 감소가 이루어지면 다시 주문을 통해 재고를 확보한다.

과일 주스의 경우와 같이 제조업자가 제조한 제품이 고객에게 전달되는 과정은 많은 유통망들로 구성되어 있다. 일반적으로 유통망을 구성하고 있는 도 · 소매업자, 운송업자, 창고업자 혹은 물류센터, 자재 제조업체 및 제품 제조업자 등은 각각 독립적으로 기업을 운영하면서 수익을 최대화시키고자 경쟁한다.

세제를 생산하여 판매하는 L세제 제조업체를 생각해 보자. 세제생산은 자체 제조공장에서 이루어진다고 하더라도 생산된 세제를 포장하게 되는 비닐류나 종이박스는 협력업체로부터 조달된다. 즉, L세제 제조업체와 종이 포장박스 제조업체는 서로 밀접한 연관이 있다. 세제 제조업체의 생산량이 많아지면 종이 박스의 수요가 증가된다. 이외에도 비닐포장지를 공급하는 회사의 생산량도 당연히 증가될 것이다. 세제 제조업체의 생산량이 증가하게 되면 물류센터와 유통업체의 작업량도 당연히 증가하게 된다. 물론 종이박스를 제조하여 조달하는 납품회사의 경우에는 L세제 제조업체를 포함하여 박스를 필요로 하는 다른 제조업체들과도 거래를 할 수 있다. 자신이 제조한 종이박스를 납품하는 회사의 생산계획은 L세제 제조업체가 구매 요청하는 박스 수량의 증감에 의해 달라질 수 있다. 이처럼 종이박스를 제조하여 판매하는 제조업체는 생산계획을 수립할 때, 박스를 사용하는 거래업체(예를 들면, L세제 제조업체)의 생산계획을 고려해야 한다. 이와 같이 자재를 조달하는 업체와 자재를 사용하는 업체 간에는 매우 밀접한 연관성이 있는데 이에 관계된 그림을 다음에 나타낸다.

그림 1.2 L세제 제조업체와 관련된 네트워크 구성도 예

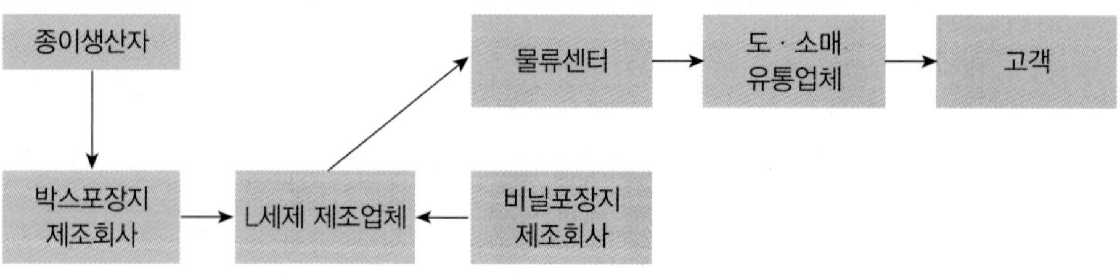

산업혁명 이후 대부분의 사업모델은 고객의 수요를 예측하는 과정에서부터 출발한다. 고객의 구매 행태와 관련된 정보를 다양한 방법으로 확보하여 수요를 예측하여 필요한 자재를 확보하기 위한 조달계획을 수립하고, 제품 생산을 통하여 재고를 확보한다. 확보된 재고는 제조업체의 창고에도 있고, 물류센터, 대리점 및 도·소매점에 분산되어 있다. 그러나 그 재고 수량이 전체적으로 어느 정도인지를 실시간으로 파악하여 관리하기가 쉽지 않다. 불확실한 재고에 대한 정보는 수요예측의 정확성이 빗나가게 하는 주요 요인이 되기도 한다.

도매업체나 소매업체가 제품 구매 수량을 얼마로 할지의 결정은 그들만의 독특한 예측과 판촉계획에 근거하여 이루어지만, 고객들이 항상 동일한 소비 패턴을 갖는 것은 아니므로, 이런 이유로 인해서 또한 예측이 자주 빗나간다. 제품 제조의 계획은 예측에서 출발되는 것이 일반적인 관계로 실제 결과 사이에는 차이가 상당히 발생되므로 종종 계획되지 않은 재고가 만들어지고 다양한 곳에 축적된다.

따라서 예측에 기초하여 사업을 영위하는데서 오는 높은 비용과 위험부담들 때문에 개별 기업들의 경영상에는 항상 불확실성이 존재하게 되고, 예측기법들에 대한 연구들이 계속되고 있으며, 예측의 정확성을 위해 자신이 가지고 있는 정보는 철저히 보안을 유지하면서 타 기업 혹은 고객들의 행태에 대한 정보를 확보하기 위해 노력한다. 비제조업체의 경우에도 예측을 통해서 예상 판매량을 결정하여 상품 재고를 확보한다. 따라서 예측은 제품이 제조된 후 고객에게 전달되는 과정에 있는 전 유통 채널상의 개별기업들에게 필수업무가 된다.

그러나 예측의 오류는 유통 채널상에 있는 개별기업의 경영을 위험하게 한다. 어느 개별기업도 독자적으로 존재하기는 쉽지 않고 관계를 맺고 있다. 자신이 취급하는 자재를 조달하는 업체도 있고, 자신이 생산한 제품을 운송하는 업체도 있고, 혹은 제품을 유통시키는 업체도 있으며, 제품을 판매하는 업체도 있다. 이러한 업체들은 각 개별기업의 수익창출을 위해서 비즈니스 관계로 서로 연결되어 기업 활동을 수행한다.

개별기업들은 기업 본연의 목적을 달성하기 위하여 경영 활동을 수행하기 때문에 각자 경영에 필요한 창고시설이나 운송시스템 등의 자본재를 확보할 필요가 있고, 소·도매 등의 유통업체, 물류센터, 그리고 제조업체 등은 불확실성에 대비하기 위하여 각자가 동일한 자재나 제품에 대해서 재고를 확보할 필요가 있다. 하여 창고나 운송 수단 등의 자본재를 중복으로 확보하고 있기도 하고, 또한 각 개별업체마다 고객의 수요에 대응하기 위해서, 혹은 불확실성에 대비하여 필요하다고 판단되는 재고를 확보하고 있다. 이러한 중복된 투자나 낭비적인 요소들은 개별기업들이 독립된 경영상의 최적화를 독자적으로 추구할 때 발생된다. 이러한 중복이나 비생산적인 활동을 제거함으로써 개별기업의 최적화보다는 네트워크를 구성하는 조직 전체의 최적화를 도모하기 위해 효율적이고 효과적인 비즈니스 관계 네트워크가 설계되고 운영되는 공급사슬관리라고 하는 개념이 출현하게 되었다.

2. 공급사슬관리의 의의

공급사슬이란 원자재, 부품, 반제품의 구매와 조달뿐만 아니라 제품의 생산, 보관, 운송, 유통, 판매 등 생산된 제품이 고객에게 이르기까지 관계된 업체들이 네트워크로 연결되어 네트워크 전체의 최적화를 추구하기 위하여 통합 관리됨으로써 네트워크 구성 업체들이 정보의 공유 등을 가능하게 하는 등 협력하는 시스템을 말한다.

따라서 공급사슬관리에서 네트워크를 구성하는 업체들은 서로 유기적으로 연결되고 협력하도록 설계된다. 이렇게 구성된 공급사슬관리를 통해서는 각 업체들이 시장의 변화에 신속하게 대응할 수 있게 되고, 시스템 전체에 포함된 업체들이 보유하는 전체의 재고 수량을 줄일 수 있게 된다. 또한 창고시설이나 운송 수단 등의 확보가 중복적으로 이루어지는 것을 줄여 줄 수 있다.

즉, 네트워크를 구성하고 있는 업체들은 네트워크의 전체적인 측면에서 다양한 제품들을 관리하는데 요구되는 보관, 운반경로, 수송수단 등을 면밀하게 통제하고 관리하여 네트워크 전체 비용의 최소화를 추구한다. 다음 그림은 공급사슬을 구성하는 네트워크의 한 예를 보여준다.

그림 1.3 공급사슬 네트워크의 예

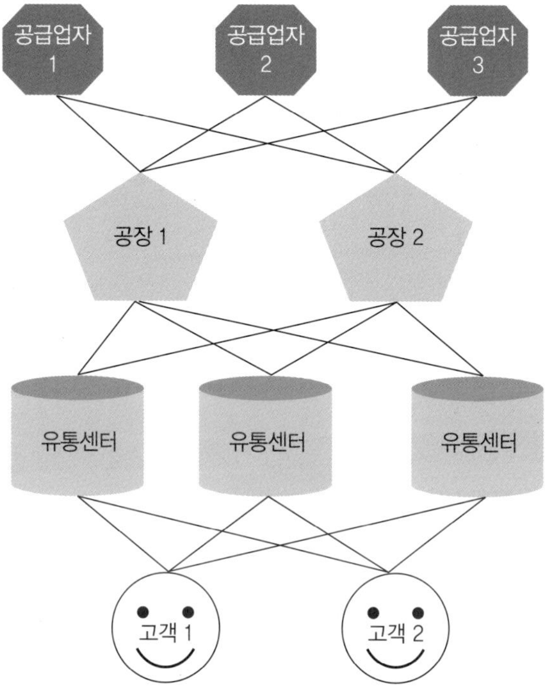

공급사슬을 구성하게 되는 중요한 목적 중의 하나는 공급사슬 전체 차원의 수익 최대화를 위하여 고객의 요구를 효율적이고 효과적으로 충족시키는 데 있다. 원재료를 공급하는 공급업체는 제조업자와 연결되고, 제조업자는 물류 및 유통업자와 연결된다. 그리고 물류 유통업자는 도 · 소매업자와 연결되어 정보를 공유하게 되고, 공유된 정보는 의사결정에 활용된다. 따라서 물류 및 유통센터와 도 · 소매업자는 재고를 중복적으로 확보하게 되는 낭비를 피할 수 있게 되고, 제조업자는 보다 정확한 정보를 통해서 생산계획을 수립하고 운영할 수 있게 된다. 그리고 원자재를 조달하는 공급업자는 정확한 생산계획에 따른 자재조달의 요청에 대해 필요한 때에 필요한 것을 필요한 양만큼 공급하는 것이 가능하게 됨으로써 정보의 불확실성으로 인해 발생되는 낭비를 최소화할 수 있게 된다. 다음 그림은 D제조회사에서 구축하여 활용하고 있는 공급사슬 통합관리의 한 예를 보여준다.

그림 1.4 D제조회사의 공급사슬 통합관리시스템의 예

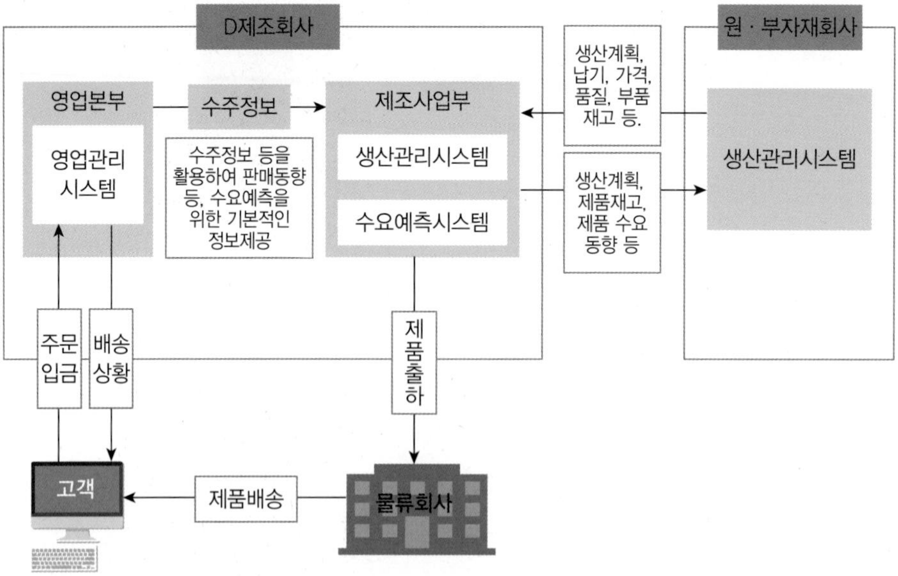

한편 네트워크를 구성하여 공급사슬 통합관리를 수행하는 근본적인 목적은 공급사슬관리를 통해 낭비적 요소들을 제거하고 운영비용을 최소화함으로써 공급사슬 전체의 수익을 극대화하는 데 있다. 공급사슬 통합관리를 위하여 통제하게 되는 물류관리의 형태는 유통되는 제품이나 지역, 혹은 국가마다 차이가 있을 수 있으며, 각 상황에 따라 최적으로 운영되도록 설계될 필요가 있다. 예를 들면, 미국의 경우 일반적으로 제조업체로부터 생산된 제품이 대형 유통매장에도 배달되기도 하고, 필요에 따라서 소매점에 직접 배송이 되기도 한다. 대부분의 소매점은 제품 재고

그림 1.5 소매 유통센터가 규모가 큰 경우 제조업체 직접 배송 예

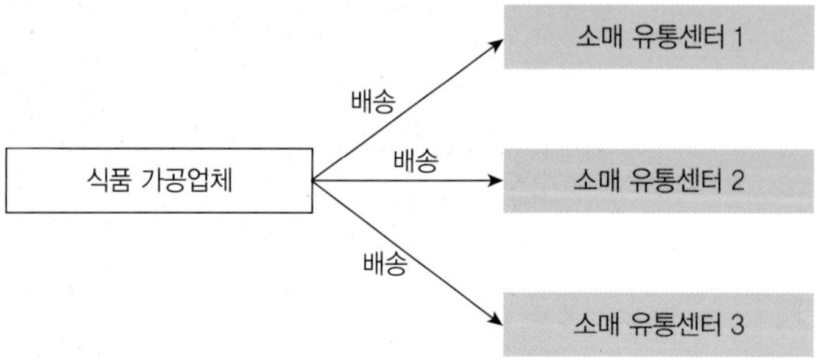

수량을 어느 정도 확보해 둘 만큼의 규모를 갖추고 있기 때문에 한 번에 배송되는 수량을 많게 할 수 있고, 따라서 배송횟수의 증가에 따른 수송비용의 변동을 감수할 정도가 되기 때문이다.

우리나라의 경우나 중국, 인도나 아프리카 등의 소매업자는 그 운영규모가 매우 다양하며, 미국의 한 가정이 일주일에 필요로 하는 식품 재료의 양보다 더 작은 양을 소비하는 소규모의 소매점이 많다. 이런 경우에는 식품가공업체가 소매점의 주문에 맞추어 직접 배송하는 데에는 수송비용 면에서 부담이 된다. 따라서 대부분의 경우에는 소매점들 가까이에 물류센터 혹은 대형 트럭을 이용한 중간 분배자를 두고, 소매점의 주문 의뢰가 있을 때 중간 분배자로 하여금 소형 트럭 등을 이용하여 분배하는 시스템을 갖추고 운영한다.

그림 1.6 소매 유통센터가 규모가 작은 경우 중간 분배자를 이용하는 예

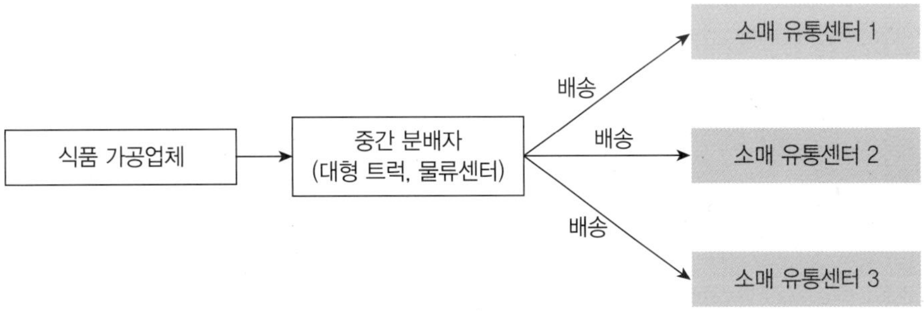

특히 이들 대부분의 소매점들이 주문하는 제품의 1회 주문수량은 제품별로 소량이면서, 취급하는 품목은 다양하다. 따라서 중간 분배자들은 다양한 제조업체들로부터 공급되는 품목들을 받아서 소매점의 주문에 맞춰 품목별 수량을 모아 정리하고, 소형 차량들을 이용하여 배송하는 역할까지도 담당하는 경우가 많다.

그림 1.7 중간 분배자가 주문 제품을 갖춘 후 소규모의 소매점에 배송하는 예

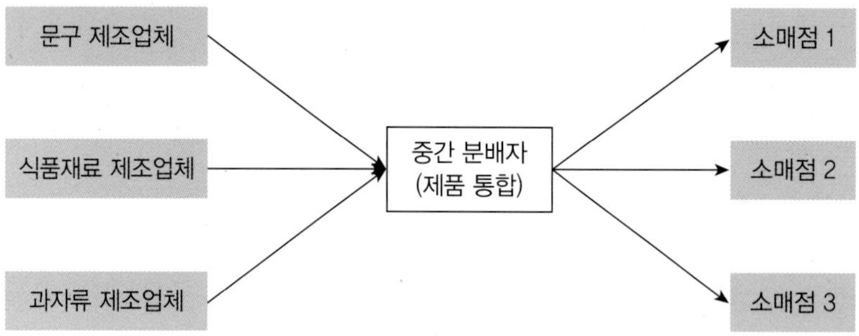

일반적으로 국내 제조기업들은 부품이나 자재를 공급하는 협력업체들과 연결되어 있고, 생산된 제품을 유통시키기 위하여 필요한 경우 물류회사와 연결되며, 물류회사를 경유하여 대리점이나 도 · 소매점 등으로 분배가 이루어지는 시스템을 갖고 있다. 다음 그림은 국내 기업의 네트워크 예를 나타낸다.

그림 1.8 국내 제조기업의 물류 네트워크 예

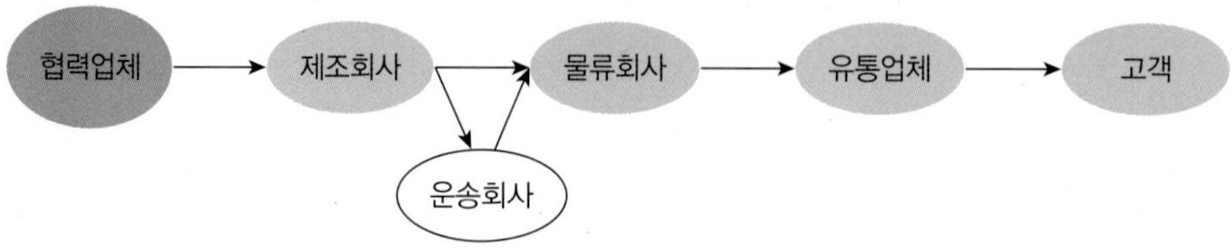

이와 같이 구성된 네트워크를 통해서 협력업체로부터 고객에 이르기까지 정보, 자금, 제품 등이 흐르게 되는데, 공급사슬관리란 이러한 흐름을 총체적 관점에서 통합하고 관리함으로써 네트워크로 연결된 전체의 공급사슬 운영 효율성을 극대화하는 경영전략이다. 이러한 통합적인 노력에는 반드시 기업 내부의 부문 간 통합과 네트워크를 구성하고 있는 기업 간을 통합하는 것이 함께 이루어져야 한다.

기업 내부 부문 간 통합이란, 기업의 조직을 구성하는 제품의 연구 및 설계를 담당하는 R&D 부문, 제품의 제조를 담당하는 제조부문, 마케팅 및 영업을 담당하는 영업부문, 부품 및 자재의 구매를 담당하는 구매부문, 인력의 채용과 관리를 담당하는 총무부문 및 자금을 담당하는 회계 · 경리부문 등의 기능 간의 통합을 의미한다. 기업 내 각 부문 간의 의사소통과 협력을 통해서 기업 내에 부문 간의 중복 기능에 의한 불필요한 낭비를 없애는 데서부터 공급사슬관리는 이루어진다. 이러한 기업 내 통합이 원활하게 이루어질 때 타 기업과의 효율적인 업무처리를 위한 의사소통 채널이 원만하게 구성될 수 있다. 기업 간의 통합이란 제품 생산에 소요되는 부품이나 원재료를 공급하는 공급업체, 제조업자, 물류센터, 도소매 유통업체 등 공급체인 상에 존재하는 거래 당사자 간에 업무 통합 노력을 통하여 기업 간의 공급체인 상의 물자, 정보, 자금의 흐름을 효과적으로 운영하는 것을 의미한다. 다음 그림은 일반적인 공급사슬 네트워크를 나타낸다.

그림 1.9 공급사슬관리의 일반적인 모형 예

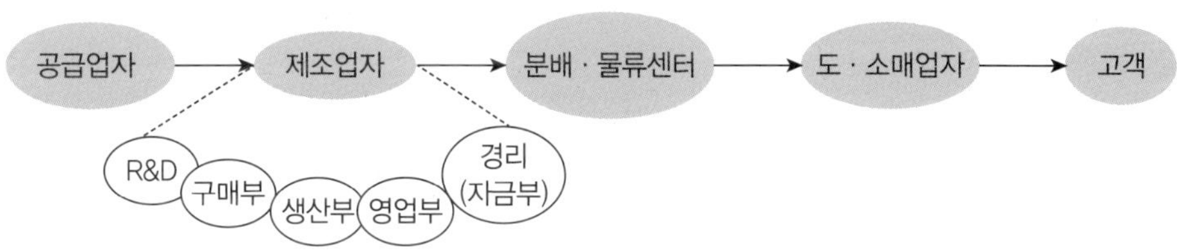

3. 공급사슬관리의 필요성

한 회사에서 출시된 신제품이나 인기상품 등이 특정 기능이나 디자인, 브랜드 인지도 등을 통해서 고객 수요가 증가될 것으로 예상되면 도 · 소매점은 재고물량 확보를 위해 고객의 수요보다 더 많은 제품 주문을 대리점이나 유통센터에 하게 된다. 더욱이 아직 소진되지 않은 재고 물량이 충분할지라도 주문을 더 넣게 되는 경향이 있다. 한편 도 · 소매점에 그 제품을 공급하는 대리점이나 유통센터에서는 소비가 매우 활발하게 진행된다고 판단하여 도 · 소매점에서 요청한 물량보다 더 많은 물량을 제조업체에 요청한다. 이에 따라서 대리점이나 유통센터가 재고 물량을 필요 이상으로 확보하게 되고, 제조업체는 대리점이나 유통센터의 물량 요청이 급증한 것을 보고 생산능력을 더 확장하고자 시도한다.

오래 전 P&G사의 인기품목인 아기기저귀, 휴렛 패커드의 컴퓨터 프린터, 모토

그림 1.10 각 업체에서 요구하는 물량 예

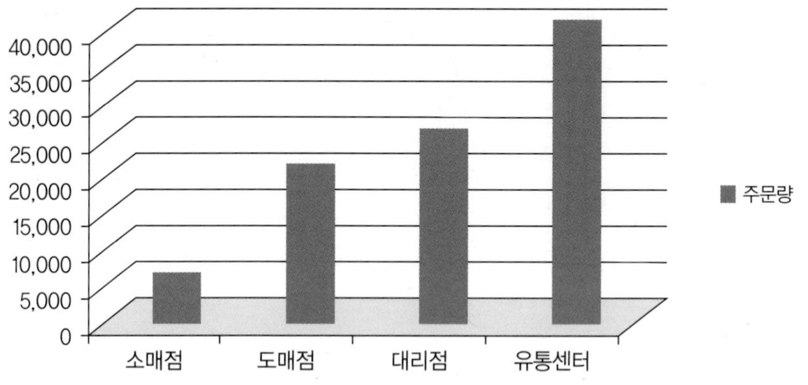

롤라의 휴대폰 등이 모두 이러한 현상을 겪은 것으로 알려지고 있다.

특히 모토롤라는 대리점의 주문이 폭증한 것을 토대로 고객의 수요가 폭발적으로 증가한 것으로 판단하여 생산능력을 확충하였다. 그러나 고객의 수요가 예측에 훨씬 미치지 못함으로써 생산능력의 확충에 따른 재무적 부담이 상당하게 되었고 경영상에 매우 심각한 어려움을 겪은 것으로 알려져 있다.

이와 같은 현상은 정확한 정보의 부재에서 발생한다. 도 · 소매 매장에서 발생되는 고객의 수요정보가 실시간으로 파악되고 분석된 후 대리점, 유통센터 및 제조업체 등과 공유되면 대리점이나 유통센터의 경우에는 재고의 지나친 확보에 따른 재정적인 부담과 재고관리 비용의 증가를 피할 수 있게 되고, 제조업체의 경우에는 보다 정확한 정보에 기반한 생산계획을 수립할 수 있게 되어서 안정적인 생산관리를 할 수 있게 된다.

그런데 도 · 소매점, 대리점, 유통센터 및 제조업체 등은 모두 고객의 수요에 밀접한 관련을 갖고 있으며, 각 업체마다 최대의 수익을 창출하고자 자신들이 각자 독립적으로 확보한 정보를 기반으로 경영의사결정을 수행한다. 그러나 각 기업의 경영 활동은 상호 밀접한 관계가 있으며, 이러한 이유로 인해 경영 활동의 과정에서 만들어지는 정보는 독립적이지 않고 상호 연관되어 있다. 따라서 정보의 수집과 분석이 개별업체별로 독립적으로 이루어질 때 실제 고객 수요를 반영한 정확한 정보를 확보하기가 어렵다. 그러므로 관련된 개별업체들이 서로 네트워크로 연결되어 보다 정확한 정보의 수집과 분석을 위해서 상호 정보교환을 가능하게 하는 공급사슬을 구성하는 것은 모든 네트워크 구성 업체의 효율적이고 효과적인 경영을 위하여 매우 중요하다.

4. 공급사슬관리의 기대효과

공급사슬관리를 할 때 네트워크를 구성하여 참여하는 개별기업들이 얻게 되는 효과는 상당하다. 특히 제조업자의 경우 정확한 정보에 의한 수요예측을 통해 생산공정의 안정화를 도모할 수 있고, 불확실성에 대비하여 안전재고를 확보해야 하는 문제에서도 벗어날 수 있는 등 다음과 같은 다양한 효과가 있다.

첫째, 제조업체에서 물류비가 차지하는 비중은 다른 비용에 비해서 일반적으로 높다. 따라서 물류비용의 절감을 통해서 제품의 단가를 낮출 때 결국 제품가격 면에서 경쟁우위를 갖출 수 있다.

둘째, 경제 수준이 점점 향상됨에 따라 고객들은 제품을 선택하는데 있어서 개별적인 욕구를 더 추구하는 경향이 있다. 이에 따라서 고객들은 제품의 납기, 수량, 품질, 기능 및 디자인 등의 측면에서 주도권을 갖고 공급자에게 자신의 의도를 강하게 요구한다. 공급자는 경쟁우위를 확보하기 위하여 이러한 고객의 개별적 요구를 만족시켜 줄 수 있는 다양한 고객화전략을 추진하지만 개별기업이 대응하기에는 한계가 있다. 따라서 연관 업체들이 네트워크를 구성하고 공급사슬관리를 통해서 대응할 때 더 효과적일 수 있다.

셋째, 공급사슬관리 네트워크에 포함되어 있지 않은 원재료를 공급하는 자재공급업체와 제품을 생산하는 제조업체 등의 개별기업들은 전통적으로 고객의 실시간 수요정보를 활용하기보다는 자사의 출고정보를 활용하여 수요예측을 함으로써 예측이 종종 빗나가게 됨에 따라 많은 재고 부담을 안기도 하고 의도하지 않은 여러 문제들이 발생되는 것을 종종 경험하고 있다. 이러한 정보왜곡에 따른 오류를 줄이기 위해서는 공급사슬 통합관리를 통해 고객 수요의 실시간정보를 수요예측에 적극 활용할 필요가 있다.

넷째, 기업 활동의 국제화에 따른 물류관리가 더욱 복잡해지고 있는데 동일한 제품에 대해서도 국가마다 부품이나 제품 활용에 대한 디테일이 다 다를 수 있다. 예를 들면, 노트북에 포함된 케이블선의 전원코드가 국가마다 사용 규격이 다르다. 한 노트북 제조업체가 모든 국가의 연결코드를 생산할 수 있는 생산라인을 갖출 수도 있지만 해당 국가의 유통업체와 협력을 통해서 그 국가에 맞는 케이블 코드를 공급하는 것이 가능하게 된다면 국제화 경영환경에서 훨씬 더 효율적으로 기업을 운영할 수 있다.

Deloitte & Touche는 공급사슬관리의 통합적 운영에 대한 이점을 연구한 결과를 다음과 같이 발표하였다.

표 1.1 공급사슬 통합관리의 이점

(단위: %)

구 분	최 소	최 대
수요예측의 정확도 향상	35	90
재고 수준의 감소	35	70
공급체인상 운영비용 감소	35	60
이행 사이클 시간 감소	40	60
배송의 성과 향상	15	28
주문충족률 향상	20	30
생산능력의 활용도 향상	10	20
전반적인 생산성 향상	10	15

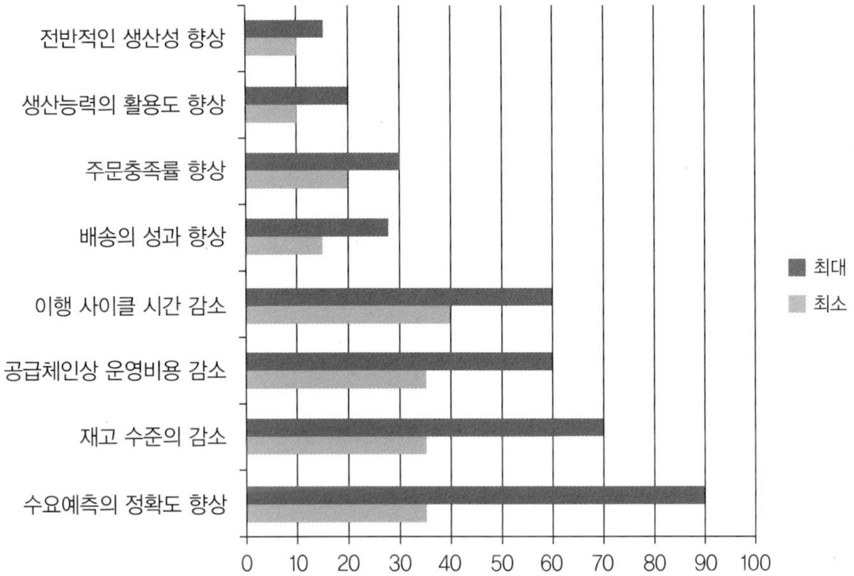

출처: Deloitte & Touche, *North America Survey of trends in supply chain management*, 1999.[인용: 김태현 외 5인, 전략적 물류경영, 도서출판 범한, 2011, p. 89]

공급사슬관리를 위해서 네트워크를 구성하는 개별기업은 파트너십이 무엇보다도 중요하다. Dell 컴퓨터 제조회사는 주요 부품회사와 공급체인 통합관리를 실현하고자 협력체계를 구축, 운영하였다고 Y. H. Lee 등은 제시하였다. 즉, Dell과 부품공급회사 간의 공급사슬 강화, 주요 부품공급회사를 위해서 개별 홈페이지를 설치, 운영하였다.

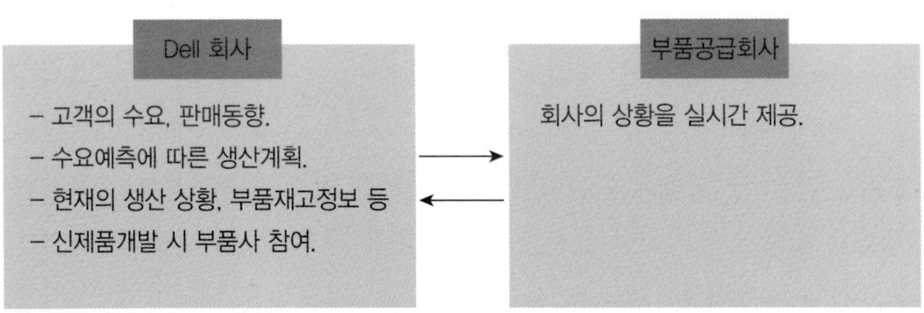

위와 같이 대등한 거래관계를 확립하고, 공급사슬 통합관리를 통해서 교환되는 정보들은 다음과 같다.

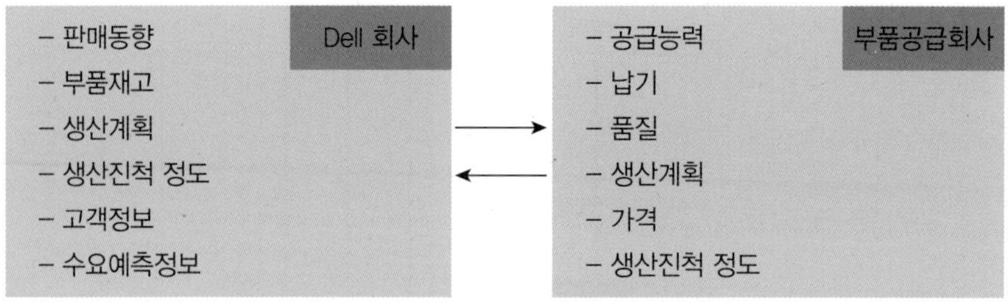

출처: Y. H. Lee 외, "Advanced planning and scheduling with Outsourcing in manufacturing supply chain," *Computers and Industrial Engineering*, vol. 43, No. 1–2, 2002.[인용: 김태현 외, 전략적 물류경영, 도서출판 범한, 2011.]

이를 통해서 약속과 신뢰를 중요시하는 체제가 구축되었고, 파트너십을 실현할 수 있었다.

5. 공급사슬관리와 자재관리

자재관리는 네트워크를 구성하여 공급사슬 통합관리 활동을 수행하는 다른 기업들의 경영전략과 매우 밀접한 연관이 있다. 자재를 구매하는 업체의 경영전략이 직접판매 방식(BTO: Build–To–Order)을 추진하는 경우에는 자재 납품의 기본단위를 적게 가져갈 수밖에 없다. 자재 조달업체의 생산공정은 제조업체의 주문에 의해 생산이 이루어질 때 주문량이 일정하지 않고 지속적이지 않을 때 생산공정을 안정적으로 운영하기가 어려울 수 있으며, 수요예측에 따른 계획생산에 비해서 수율이 낮아질 수 있다. 반면에 대량생산체제를 갖추고 대형 유통망을 구성함으로써 수요예측에 따른 재고 생산 방식을 선택하고, 간접판매 방식을 추진하는 경우라면 직접판매 방식에 비해서 안정적인 생산관리 기반에서 자재조달이 가능할 것이다. 이런 경우 조달업체는 자재생산계획을 제조업체의 생산계획에 기반 하여 안정된 생산공정 운영이 가능하게 되고, 대량생산에 따른 높은 수율도 기대할 수 있게 된다.

한편 제조업체의 자재관리는 자재 조달업체의 생산공정 안정 여부에 관심을 가져야 한다. 자재가 안정적으로 조달되지 않는 한, 제조공정을 안정적으로 운영하기

란 불가능하기 때문이다. 따라서 제조업체와 자재 조달업체는 경영전략과 수요에 대한 정보 등을 공유함으로써 통합되어 운영되는 공급사슬 전체의 수익을 극대화하도록 긴밀히 협력하여야 한다.

연습문제

01 공급사슬관리를 정의하시오.

02 Dell이 2007년 이후부터 경영전략을 추진함에 있어서 간접판매 방식과 직접판매 방식을 병행하게 된 이유를 서술하시오.

03 잘 나가던 Gateway사가 경영상에 어려움을 겪게 된 이유를 각자 조사하여 서술하시오.

04. 공급사슬 통합관리 차원에서 자재관리를 해야 하는 이유를 서술하시오.

제2장

자재관리 일반

1. 자재란 무엇인가?
2. 자재관리의 의의
3. 자재관리의 중요성
4. 자재관리의 목표
5. 자재관리의 대상
6. 자재관리에 포함되는 업무들

1. 자재란 무엇인가?

자재란 제품을 생산하는 제조업체에서 제품을 생산하기 위해 투입되는 유형의 재료로 정의될 수 있다. 따라서 제조업체에서 자재는 독립적으로 존재하는 것이라기보다는 특정 제품의 생산을 위해 준비되는 종속적인 특성을 지닌다. 즉, 제품 생산을 위한 계획이 수립될 때, 필요로 하는 자재의 종류와 수량 및 구매 방법 등에 대한 계획 수립이 이루어질 수 있다. 특정 제품을 생산하기 위해 투입되는 자재는 같은 종류라고 하더라도 그 품질의 상태나 구매가격이 매우 다양하며, 관리하는 방법에 따라서도 제품의 품질이나 기업의 경영에 많은 영향을 준다. 자재가 기업의 경영상에 미치는 영향을 몇 가지 살펴보면 다음과 같다.

첫째, 제품의 품질에 영향을 미친다.

품질이 좋지 않은 자재로 제품을 생산하게 되면 그 제품의 품질 수준은 자재의 품질 수준에 의해 영향을 받게 된다. 기업은 일반적으로 그 기업에 맞는 최적의 품질을 갖는 제품을 생산하고자 한다. 기업에 맞는 제품 품질은 보통 시장의 요구, 기업의 공정능력 및 경제성 등을 고려하여 결정하게 되고, 제품의 설계에 반영하게 되는데 이를 제조품질이라고 한다. 따라서 기업은 제조품질의 품질 수준을 고려하여, 자재에 대한 품질 수준을 결정하고 준비할 필요가 있다.

둘째, 제품의 생산원가에 영향을 미친다.

자재를 준비하고 관리할 때 소요되는 비용은 제품의 생산원가에 그대로 반영된다. 제품의 생산을 위하여 값 비싼 자재가 투입되면 제품의 생산원가는 그만큼 높아지게 되고, 값싼 자재가 투입되면 보다 저렴한 비용으로 제품이 생산될 수 있다. 따라서 자재를 구매할 때의 구매가격, 구매한 자재의 관리에 투입되는 비용 등이 최소가 되도록 자재를 구매하고 관리를 할 필요가 있다.

셋째, 기업의 재무상태에 영향을 미친다.

자재 구매비용은 일반적으로 제조 기업의 재무에서 큰 비중을 차지한다. 미래에 필요할 것으로 판단되는 막대한 자재를 일시에 구매하게 될 경우 기업의 자금이 자재에 묶이게 되는 결과를 초래하게 되고, 자재의 품질 수준을 유지하는 데에도 많은 비용이 소요되는 문제가 발생할 수 있다. 따라서 자재의 구매 시 신중하게 구매계획을 수립하고 실시할 필요가 있다.

넷째, 작업의 용이성에 영향을 미친다.

제품 생산에 투입되는 자재의 종류에 따라서 작업시간이 달라질 수 있고, 또한 제품의 품질이 달라질 수 있다. 예를 들면, 책상을 생산하기 위해 투입되는 자재 중에서 나무의 종류에 따라 작업 용이성이 달라질 수 있는 것이다. 그러므로 자재를 확보하기 전에 먼저 작업의 용이성을 검토해 볼 필요가 있다.

다섯째, 고객에 대한 기업의 신뢰 수준에 영향을 미친다.

자재의 수량이 부족할 경우 제품의 제조 과정에서 작업지연을 초래할 수 있고, 결과적으로 제품의 품절사태를 초래하고, 약속된 시간에 제품 조달을 어렵게 함으로써 고객에 대한 신뢰를 잃게 할 수도 있다. 따라서 자재를 확보하는 과정에서 필요한 수량을 최적의 비용으로 확보하는 것은 매우 중요하다.

여섯째, 자재의 선택은 정책적인 요소로 작용할 수 있다.

제조기업의 경영방침에 따라서 자재의 선택이 이루어질 수 있으며, 이러한 경우에는 자재의 구매비용이나 품질, 혹은 작업의 용이성 등을 고려하여 자재를 결정하기보다는 대부분 기업의 대외정책에 따라서 정해진다.

2. 자재관리의 의의

자재관리란 해당 기업의 생산 활동에 필요한 자재를 필요한 시간에 필요한 양만큼 필요로 하는 품질 수준을 유지하며 최소의 비용으로 확보하기 위한 총체적인 관리 활동으로 정의할 수 있다. 즉, 자재관리란 제품 생산에 소요되는 자재를 품질, 납기, 원가 등을 고려하여 구매하고, 보관하고, 생산 과정에 조달하는 총체적인 관리 활동으로써 기업이 존속하는 한 지속적으로 이루어지게 된다. 그러므로 자재관리를 수행함에 있어서 낭비적 요소를 최소로 하는 것이 자재관리의 주요 목표 중의 하나이다. 이러한 일련의 활동을 수행하는 과정에서 기업은 다음의 사항들을 고려할 필요가 있다.

첫째, 기업의 경영목적에 부합하도록 한다.

기업은 기업 전체적인 상황을 고려하며 기업의 목표를 설정하고 사업을 선택하며 이를 위한 자원을 확보하고 배분하는 전략을 수립한다. 기업의 이러한 목적에 부합하여 자재관리에 대한 계획을 수립하고 추진하는 것은 매우 중요하다.

둘째, 사회적 공익에 도움이 되도록 한다.

현대에 들어와서 기업은 본래의 목적인 이윤추구 이외에도 법과 윤리를 준수하고 사회구성원들의 요구에 적절히 대응함으로써 이러한 기업의 활동들이 기업경영에 긍정적으로 작용하기를 기대하고 있다. 왜냐하면 기업의 성장과 발전은 사회나 국가경제의 발전과 매우 밀접한 관계를 갖고 있기 때문이다. 자재관리도 기업의 의도에 부합하여 사회적 공익을 고려하여 본래의 목적을 달성하기 위한 방향으로 그 활동을 수행할 필요가 있다.

셋째, 사내의 다른 부문 간 소통과 공감을 통해 조화를 이루도록 한다.

기업이 고객지향적인 기업문화를 추구하고자 한다면 당해 기업에서 제조되는 제품의 생산에 관계되는 모든 이해관계자들이 서로 의사소통과 조정을 통해서 협력하여 기업 본래의 목적에 부합되는 전략을 수립하고 추진할 필요가 있다. 연구개발부서, 마케팅부서, 생산부서, 품질부서, 생산기술부서, 그리고 자재관리부서 등이 서로 의사소통을 수행하는 과정에서 자재의 선택, 보존, 조달 등에서 서로 협력함으로써 조정이 이루어지게 하는 등 전사적인 시야를 가지고 관리 활동을 수행할 필요가 있다.

3. 자재관리의 중요성

자재에 투입되는 비용은 기업이 지출하게 되는 비용 중에서 매우 큰 비중을 차지한다. 자재를 구매하는 과정에도 비용이 많이 투입되지만 구매된 자재를 보관하는 데에도 많은 비용이 소요된다. 따라서 가장 경제적으로 자재를 확보하고 보관하고 제조현장에 투입하는 관리 활동은 매우 중요하다. 자재관리가 기업의 경영에 미치는 영향이 매우 크므로 자재를 관리함에 있어서 다음 사항이 반드시 고려될 필요가 있다.

첫째, 자재 준비 비용

기업이 제조원가를 절감하기 위해 다양한 노력을 시도하고 있다. 그런데 기업에서 지출되는 인건비, 경비, 자재비 중에서 비용절감 활동을 수행할 때 자재비에 투자되는 비용이 다른 부문에 비해 월등히 크므로, 다른 부문의 절감 활동에 비해서 자재비 절감 활동에 대한 결과가 훨씬 더 효율적일 수 있다.

둘째, 자재 준비 시기

지나치게 빠른 시기에 자재를 확보할 경우 자재 보관에 소요되는 비용이 과다 지출될 수 있을 뿐만 아니라 기업의 자금이 자재 재고에 묶여질 수 있다. 한편 자재 준비 시기가 제품 제조시간에 맞추지 못할 경우 작업 지연이 발생하여 기업이 고객의 신뢰를 잃게 됨으로써 경영상에 불이익이 초래될 수 있다. 따라서 기업이 꼭 필요한 시기에 필요한 자재를 필요한 양만큼 확보하는 것이 중요하다.

셋째, 자재 품질 수준

제품 제조에 투입되는 자재의 품질 수준은 제품의 품질 수준에 직접적으로 영향을 줄 수 있다. 기업이 의도하는 품질 수준에 미달되는 자재가 공급되고 제조에 투입될 경우 제품의 질이 떨어지게 되고 결국 기업이 고객들로부터 외면당할 수 있는 어려움이 발생될 수 있다. 따라서 제품이 요구하는 품질 수준을 고려하면서 자재의 품질 수준을 유지하며 필요한 자재를 확보하는 노력이 필요하다.

이상과 같은 내용들을 볼 때 자재관리는 매우 중요하며 기업경영의 목적을 달성하는 데 중대한 영향을 미칠 수 있다. 따라서 기업은 자재관리를 위한 철저한 전략과 계획을 수립하고 이를 추진할 필요가 있다.

4. 자재관리의 목표

기업에서 필요로 하는 자재를 확보하기 위한 계획을 수립하고, 확보된 자재에 대한 품질 수준을 유지하며, 필요한 시기에 필요한 양만큼 제조 현장에 공급하는 활동은 자재관리에 기대하는 중요한 역할이 된다. 자재관리가 이러한 일련의 역할을 수행함에 있어서 불필요한 사무 업무를 간소화하고, 기업이 부담하게 되는 자금의 유동성에 대한 부담을 최소화하면서 시간적 · 공간적인 효율을 극대화함으로써 제조의 생산성을 높이고자 노력하는 것이 매우 중요하다. 제조업체에서 자재관리를 수행할 때 추구해야 할 목표는 다음과 같다.

첫째, 자재 확보 비용의 최소화

■ **거래처의 확보와 관리**

자재 조달을 위한 공급 가능 업체들에 대한 정보를 확보하고 업체 선정 기준을 마련하며, 선정된 자재 조달업체에 대한 지속적인 관리를 통해서 자재 확보 비용을 최소화 할 필요가 있다.

■ **자재 확보를 위한 협상 경쟁력 제고**

자재 조달 업체의 선정과 자재 조달에 있어서 협상 우위를 확보하기 위해서 다양한 노력을 기울일 필요가 있다.

■ **자재 정보관리**

당사에서 필요로 하는 자재 등에 대한 정보를 다양한 매체들을 통해서 모니터링을 하고, 대체 자재에 대한 지속적인 조사와 연구를 통해서 자재 확보 비용 및 제품 제조의 생산성 향상을 위해 노력할 필요가 있다.

둘째, 공간 효율의 극대화

■ **자재 보관을 위한 공간 설계**

당사에서 사용하게 되는 자재 종류별 소요량과 소요 공간을 파악하고 적절한 저장 공간의 지정을 통해서 저장 공간을 효과적으로 운영함으로써 공간 운영 효율을 극대화 할 필요가 있다.

■ **불용자재에 대한 취급 및 보관과 처리 규정 마련**

제조 과정에서 발견되거나 발생되는 불량 자재의 취급 및 처리 규정을 마련하고, 잉여 자재에 대한 보관 및 처리 지침을 마련하여 시행함으로써 만성적인 적체 자재의 발생에 따른 공간의 낭비를 최소화할 필요가 있다.

셋째, 적시 공급

■ **생산부서와의 원활한 의사소통**

자재의 적시공급을 위해서 생산부서와 원활한 의사소통이 필요하다. 생산부서에서 생산계획을 수립하게 되면 자재에 대한 소요량과 소요시기를 결정한 후 자재가 적시에 공급될 수 있도록 철저한 준비를 할 필요가 있다.

■ **자재 공급처와의 원활한 의사소통**

자재를 조달하기 위한 공급처의 결정, 자재의 원활한 조달을 위한 공급처와의 업무 처리 방식의 조정, 자재가 적시에 도달하기 위한 다양한 확인 과정 등의 의사소통은 자재의 적시 공급을 위해서 매우 중요하다.

■ **자재 청구 및 불출 절차 마련**

생산부서에서 청구하는 자재에 대해서 불출 업무를 수행하게 될 때 체계적이고 효율적인 업무처리를 위한 절차와 방법을 마련하여 자재 청구업무가 예측 가능하게 진행되도록 함으로써 자재의 적시 공급이 가능하도록 할 필요가 있다.

넷째, 자재 유지비용의 최소화

■ **자재별 자재 특성에 따른 저장 방법과 저장 공간 지정**

자재별 자재 특성에 따른 저장 방법을 검토하여 정한 후, 각 자재에 대해서 특성을 고려한 저장 공간을 확보해서 저장함으로써 자재 유지비용의 최소화를 도모할 필요가 있다.

■ **자재 발주 및 불출 방법과 시점 결정**

어떤 자재가 언제 얼마만큼 필요한지 생산부서와의 원활한 의사소통을 통해서 결정한 후, 발주 시점을 정하고, 자재의 불출절차를 마련하여 시행함으로써 자재유지비용을 최소화하도록 업무를 추진할 필요가 있다.

■ **만성적인 적체 재고의 처리규정 마련**

자재관리 업무를 수행할 때 발생될 수 있는 만성적으로 적체되는 자재의 처리에 대해서 처리규정을 마련하여 적용함으로써 만성적으로 적체되어 자재의 저장 공간을 오랜 기간 점유함으로써 자재 유지비용을 높이게 되는 일이 없도록 할 필요가 있다.

다섯째, 자재의 품질 수준 유지

■ **자재 입고 시 수입검사 규정 마련**

자재별 입고 수입검사 기준을 마련하고 적용함으로써 자재의 품질 수준을 유지할 필요가 있다.

■ **자재의 선입선출 방식에 따른 출고**

자재 불출업무를 수행할 때 자재를 입고한 순서를 고려하여 실시함으로써 자재의 품질 수준을 유지할 필요가 있다.

■ **자재 취급 규정 마련**

각종 자재에 대해서 취급규정을 마련하고 시행함으로써 자재의 품질 수준을 유지할 필요가 있다.

5. 자재관리의 대상

본래 자재의 종류를 살펴보면 매우 광범위하다. 따라서 본 교재에서 자재관리로써 다루게 되는 자재에 대한 범위를 한정할 필요가 있다. 일반적으로 자재는 크게 직접자재와 간접자재로 분류된다.

직접자재는 제품생산을 위해 직접 투입되어 제품이 완성되기 위해 사용되는 자재를 의미하고, 간접자재는 생산을 보조하는 역할을 하게 되는 자재를 의미한다.

직접자재에는 제품 생산을 위해 투입되는 원료나 소재 등을 의미하는 원재료나 부품, 원재료와 함께 생산에 투입되는 부자재, 제품으로는 아직 완성되지 않은 것을 나타내는 반제품, 그리고 공정에서 현재 작업이 진행 중에 있는 재공품(WIP: Work In Process) 등이 있다.

그리고 간접자재에는 생산 활동에 사용되나 생산된 제품에는 포함되지 않는 치구, 공구, 도구, 검사구 등이 있고, 제품 생산 과정에서 소모되는 전기, 가스, 공업용수 등이 있다. 그리고 제품 생산 과정에 포함되지는 않지만 생산관리 과정에서 소모되는 문구류나 사무용품, 비품, 집기 등이 있다.

표 2.1 자재의 분류

구 분	자재의 종류	내 용
직접자재	원재료, 부품	완성된 제품에 포함되는 자재
	부자재	원재료와 함께 제품 생산에 사용되는 보조자재
	반제품	제품으로 완성되기 전까지의 상태의 자재
	재공품	생산 공정에서 제품으로 완성되기 위해서 현재 작업이 진행되고 있는 자재
간접자재	치공구, 도구	제품 생산을 위해 생산 공정에서 보조로 사용되는 도구
	문구류	제품에 포함되지는 않으며, 다양한 관리 활동을 위해 사용되는 소모성 자재
	집기	책상, 캐비넷 등 사무실에 비치되어 있는 각종 집기 등
	기타	그 외 전기, 가스, 공업용수 등을 포함하여 제품 생산을 위해서 사용되고 소모되는 각종 자재 등

위에 나열된 다양한 자재의 분류 중에서 본 교재에서 자재관리 대상으로 다루게 되는 자재는 직접자재로 한정한다.

6. 자재관리에 포함되는 업무들

자재관리에 포함되는 업무들은 조직에 따라서 다양하지만 여기서는 일반적인 제조 업체의 자재관리부서에서 수행될 수 있는 업무의 종류를 다룬다.

자재관리를 수행하게 되는 조직에서는 생산부서에서 필요로 하는 자재의 종류, 수량 및 품질 수준을 파악하여 이에 대한 조달 및 구매계획을 수립하게 된다. 조달 및 구매계획을 위하여 시장조사가 진행되고 구매를 추진한다. 구매된 자재가 입고되면 수입검사가 진행되고, 수입검사에서 합격된 자재는 입고절차를 걸쳐서 정해

그림 2.1 자재관리 주요 업무의 분류

진 창고의 저장 장소에 입고된다.

수입검사에 앞서 입고되는 자재별 품질 수준의 결정이 이루어져야 한다. 품질 수준의 결정은 수입되는 자재의 합격과 불합격을 결정하는 기준이 된다. 자재의 품질 수준은 제품의 품질에 직접적인 영향을 준다. 따라서 자재 수입의 합격 기준에 대하여 자재를 조달하는 업체와 명확히 할 필요가 있다. 조달 및 구매계획단계의 업무에는 자재 공급업체의 선정, 조달 시기의 결정, 자재의 거래 조건, 자재 수입의 합격 조건 및 자재 대금의 지급 방법 등이 포함될 수 있다.

수입된 자재에 대해서 창고 보관 및 재고 통제가 이루어진다. 창고에 재고를 입고시키기 위하여 자재별 저장 장소를 확보하여 지정하고, 지정된 장소에 지정된 자재 보관이 이루어지도록 하여야 하며 생산부서로부터 자재 불출 요청이 있을 때 자재의 선입선출 원칙이 잘 지켜지도록 할 필요가 있다.

연습문제

01 자재란 무엇인지 간단히 서술하시오.

02 자재가 기업 경영에 주게 되는 영향을 서술하시오.

03 자재관리를 해야 할 이유를 서술하시오.

04 자재관리를 통해서 얻게 될 유익을 서술하시오.

05 자재관리의 주요 업무에 대해서 간단히 서술하시오.

06 자재관리를 추구하는 목표에 대해서 서술하시오.

제3장

자재소요계획

1. MRP 시스템의 정의와 목적
2. MRP 시스템의 구성 요소
3. MRP 시스템의 전개
4. 발주 방식
5. MRP 시스템의 재계획

효과적인 생산정보시스템을 통하여 기능 영역들을 통합하는 기업이 경쟁 우위를 점하는 것을 최근 더욱 목격하게 된다. 납품업체에서 들어오는 원자재가 꼭 필요한 때에 필요한 양만큼 들어오게 하고 각종 원자재나 부품 등의 자원과 제품 생산과 관련된 여러 가지의 활동들을 효과적으로 관리할 수 있는 능력은 제조업체에 있어서 생산의 필수요건이라고 할 수 있다.

생산관리자는 완제품 생산에 필요한 자원을 전부 정확한 시점에 획득하고자 한다. 이렇게 하려면 제조업체에서는 수천 가지의 원자재, 부품 등을 추적하고 있어야 한다. 본 장에서는 제품 생산을 위해 입고되는 각종 원자재 및 부품의 흐름을 원활히 할 수 있는 방안으로서 자재소요계획(MRP: Material Requirement Planning)을 다룬다.

1. MRP 시스템의 정의와 목적

주일정계획에 나타난 완제품 생산을 위해서는 먼저 원자재와 부품이 준비되어 있어야 한다. 원자재와 부품은 주일정계획에 맞춰 제품생산이 이루어지도록 적시에 적량이 공급될 필요가 있다. MRP는 주일정계획에 맞춰서 생산이 이루어지도록 필요한 원자재와 부품 등에 대한 조달계획을 수립하는 컴퓨터정보시스템이다.

주일정계획에 나타난 제품은 독립수요품목으로서 다른 품목의 수요와 전혀 상관없이 시장환경 속에서 그 수요가 결정된다. 한편 주일정계획에 나타난 제품을 생산하기 위해 필요한 원자재나 부품 등은 종속수요품목으로서 그 수요가 주일정계획에 나타난 최종품목의 소요량에 의해 정확히 계산된다. 즉, 종속수요품목이 언제, 그리고 얼마만큼 필요한지는 상위품목의 소요량으로부터 계산된다. 대부분의 제조업체들은 생산을 묶음(로트)단위로 진행하기 때문에 종속수요품목의 수요는 어느 특정 시간에 묶음 단위로 발생하기도 한다.

MRP는 종속수요품목의 계획과 통제를 위하여 최소의 비용으로 주일정계획을 차질 없이 수행하도록 지원해야 한다. MRP 시스템은 주일정계획상에 나타난 제품생산이 차질 없이 진행되도록 원자재나 부품의 필요량과 필요시기를 계산하여 발주계획을 제시한다. 이렇게 함으로써 최종제품의 생산에 필요한 원자재나 부품의 재고 수준을 낮게 유지하도록 한다. 즉, MRP 시스템의 목적은 각종 원자재나 부품을 적시에 적량으로 주문하여 적시에 도착할 수 있게 하는 것이다. 이를 위해서는 다음과 같은 정보가 기본적으로 필요하다.

첫째, 정확한 주일정계획이 수립되어야 한다. 주일정계획은 영업부에서 제시하는 연간 판매계획 및 수요예측에 대한 정보를 이용하여 보통 주단위로 세워진다.

둘째, 주일정계획상에 나타난 제품은 어떤 원자재 또는 부품들로 구성되어 있는지에 대한 정보가 필요하다. 그 정보는 자재명세서에 자세히 명시되어 있다.

셋째, 주일정계획상에 나타난 제품의 재고량, 원자재 및 부품 등의 실제적인 재고량을 파악해야 하는데 그 정보는 재고기록철에 기록되어 있다.

그림 3.1 MRP 시스템의 개략도

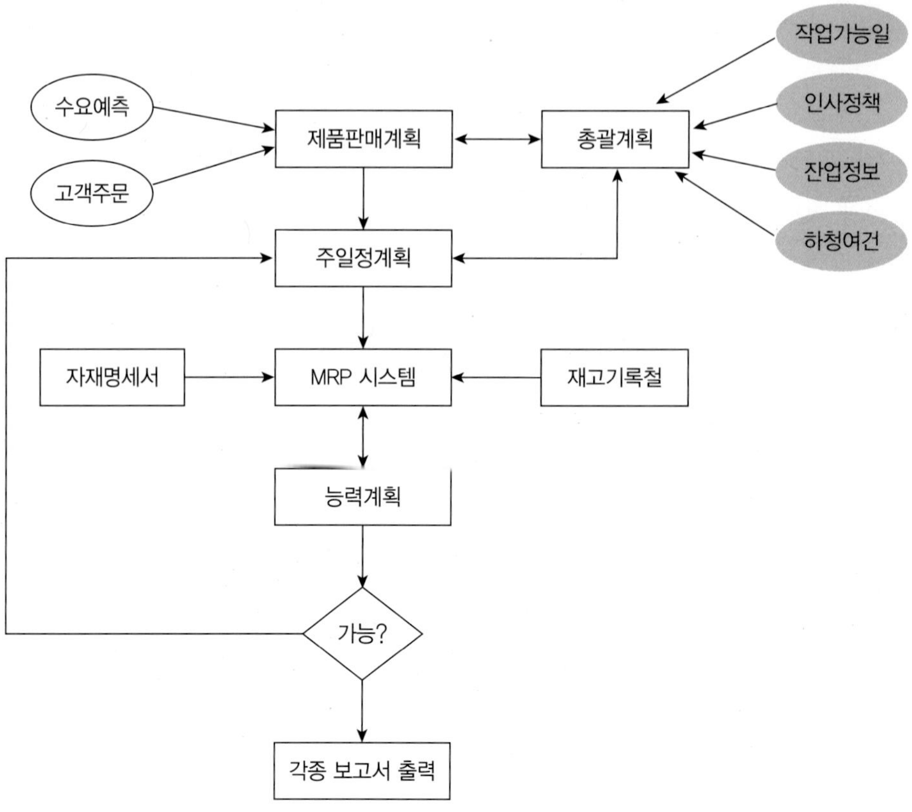

넷째, 원자재 및 부품의 조달기간과 각종 원자재나 부품이 입고되는 기본 단위(로트 크기) 등이 파악되어야 한다.

위의 4가지 정보를 이용하여 필요한 원자재 및 부품을 언제, 얼마만큼 발주를 해야 할지 MRP 시스템을 통해 파악할 수 있게 되는데 개략적인 구성도를 [그림 3.1]에 나타낸다.

2. MRP 시스템의 구성 요소

[그림 3.1]에 나타난 바와 같이 MPS에 나타난 제품 생산을 효율적으로 수행하기 위해서 기본적으로 필요한 요소로는 주일정계획, 자재소요계획 및 재고기록철이 있다.

2.1 주일정계획

주일정계획(MPS: Master Production Schedule)은 최종품목을 언제, 얼마만큼 생산할 것인지를 나타내는 생산계획이다. 주일정계획은 계획대상기간을 보통 주 단위로 나타내며 주문은 주초에 발령하고 배달되며, 수요는 주말에 이루어진다고 가정한다. 다음은 주일정계획의 예를 나타내고 있다.

표 3.1 제품 X 의 주일정계획 예

구분	1	2	3	4	5	6	7	8
수량								300

[그림 3.1]에서 보여진 바와 같이 주일정계획은 제품 판매계획 및 총괄계획을 참조하여 도출된다. 총괄계획은 단위기간(6개월 혹은 1년)동안의 월 단위 수요량을 충족시키기 위하여 필요한 생산능력(예를 들면, 잔업 수준, 하청 수준, 재고 수준, 채용 및 해고 수준 등)을 확보하기 위한 것이다. 따라서 주일정계획에 나타난 생산계획은 그 시점에 그만큼의 제품이 필요하다는 것을 의미하는 것으로써 생산 능력이 충분히 확보되었다는 것을 의미하는 것은 아니고 개략적으로 생산이 가능할 수 있음을 나타내고 있는 것이다. MRP 시스템은 MPS에 나타난 품목에 대한 생산을 위해서 언제, 얼마만큼의 원자재 및 부품이 조달되어야 하는지 파악하고 생산 가능 여부를 능력소요계획(CRP: Capacity Requirement Planning)을 통해서 검토하게 된다. 생산이 가능하다고 판단되면 작업장별 부하보고서, 예외보고서 및 발주계획 보고서 등을 출력하고, 가능하지 않다고 판단되면 주일정계획을 다시 검토하고, 조달기간을 조정하는 등 이에 필요한 조처를 취하게 되며, 조처결과를 나타내는 예외보고서를 출력하게 된다. CRP 및 예외보고서에 대해서는 뒤에서 설명한다.

2.2 자재명세서

자재명세서(BOM: Bill Of Material)는 MPS상에 나타난 최종제품을 1단위 생산하는데 소용되는 원자재 또는 부품이 체계적으로 기록되어 있다. 즉, 최종제품을 구성하는 원자재, 부품, 중간조립품, 조립품 등에 대한 각각의 수량과 조립순서를 정리해 놓은 서류철이다. 다음 [그림 3.2]는 의자를 구성하고 있는 부품들의 구성도를 보여주고 있다.

[그림 3.2]에 나타난 의자는 보이는 바와 같이 등받이 부와 좌석부로 나눠지며, 등받이 부는 등받이 가로 받침대 1개, 등받이 세로 받침대 4개, 등받이 기둥 2개 등으로 조립되어 있으며, 좌석 부분은 좌석 쿠션 1개, 짧은 가로대 4개, 긴 가로대 2개 및 다리 2개로 조립되어 있다.

그림 3.2 의자 구성도 예

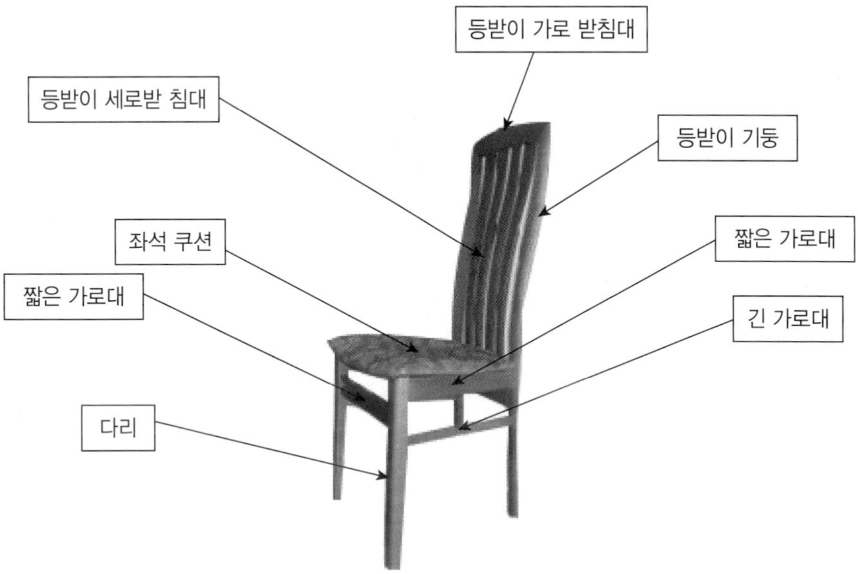

위의 [그림 3.2]를 제품구조나무(product structure tree)로 나타내면 [그림 3.3]과 같다.

그림 3.3 의자의 제품구조나무 예

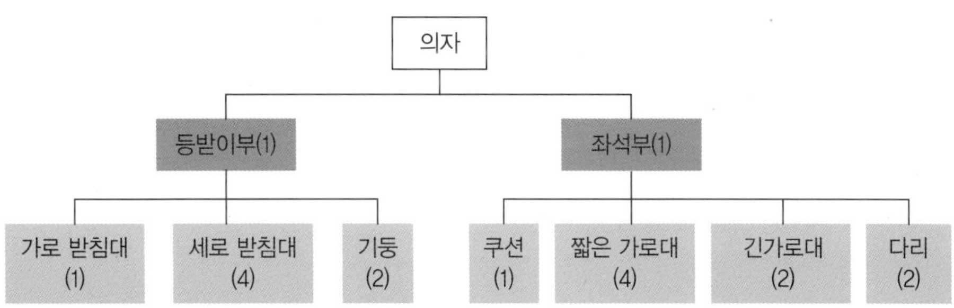

자재명세서에는 일반적으로 구성품들을 수준별로 조립순서별로 체계적으로 정리되어 있다. [그림 3.2]에서 보면 의자가 수준 0에 해당되고 의자 바로 하위단계의 등받이부와 좌석부가 수준 1에 해당되며, 가로 받침대, 세로 받침대, 기둥, 쿠션, 짧은 가로대, 긴 가로대 및 다리가 수준 2에 해당된다. 다음 〈표 3.2〉에는 제품

표 3.2 의자 자재명세서 예

수준0	수준1	수준2	소요량(개)	조달 방법
의자			1	당사 조립
	등받이부		1	당사 조립
		기둥	2	구매
		세로 받침대	4	구매
		가로 받침대	1	구매
	좌석부		1	당사 조립
		쿠션	1	구매
		다리	2	구매
		긴 가로대	2	구매
		짧은 가로대	4	구매

및 제품을 구성하는 부품들을 수준별로 정리하여 나타내었다.

이와 같이 자재명세서에는 최종제품으로부터 원자재에 이르기까지 각 단계별로 체계적으로 부품과 수량을 나타내고 있다.

2.3 재고기록철

재고기록철(IRF: Inventory Record File)에는 완제품과 원부자재 등의 생산량, 입고량, 출고량 및 현재 재고량이 기록되어 있다. 재고 관련 정보는 제품 및 원부자재의 입 · 출고가 발생할 때마다 신속하게 갱신되어야 한다. 특히 보관 중에 있는 재고품이나 재공품들 중에서 파손이나 부패 등이 발생하여 제품으로서의 기능을 발휘하지 못하는 것들이 있을 때 정기적으로 점검하여 실제 재고량이 재고기록부상에 나와 있는 것과 일치될 수 있도록 노력하여야 한다. 한편 각종 원부자재에 대한 정보가 MRP 시스템의 중요한 입력자료로 활용되어야 하는데 각 원부자재의 다음과 같은 정보들은 가장 최신의 데이터로 갱신되고 관리되어야 한다.

표 3.3 관리되어야 할 원부자재의 주요 정보 예

Code	품명	거래처명	입고단위(로트 크기)	단 가	조달기간

원부자재의 주요 정보는 자주 바뀌지는 않을 수 있으나 새로운 거래처가 확보되거나 변경될 때 주문 로트 단위가 변경되거나 조달기간과 단가 등이 달라질 수 있으며 이때에는 즉시 정보가 수정되어서 MRP 시스템의 입력정보는 최신의 것이 되도록 해야 한다.

3. MRP 시스템의 전개

MRP의 전개는 MPS를 받아들이는 것에서부터 시작된다. MPS에 나타난 생산일정을 맞추기 위하여 어떤 원자재나 부품이 언제 얼마만큼 필요한지 계산하여 발주계획을 수립한다. 생산해야 할 최종품목을 통해서 생산에 필요한 원자재 및 부품의 수요를 결정하고, 재고기록철을 참조하여 현재의 재고가 얼마나 있는지 파악한다. 총소요량에서 현재고량을 차감하여 순소요량이 계산되면, 해당 원자재나 부품의 조달 소요시간을 차감하여 주문시기를 결정하게 된다. MRP의 전개를 요약하면 다음과 같다.

MRP의 전개절차

첫째, MPS에 나타난 최종제품의 생산계획을 맞추기 위한 원재료 및 부품 등의 총소요량을 결정한다.

둘째, 현재 보관중인 재고와 인수예정량을 반영하여 순소요량을 결정한다.

순소요량 = max(0, 총소요량 − 현재고량 − 인수예정량)

셋째, 원자재 및 부품의 주문단위를 고려하여 발주계획량을 결정한다.
넷째, 원자재 및 부품의 조달소요기간을 고려하여 발주시기를 결정하고 발주계획서를 작성한다.

다음 〈표 3.4〉는 MRP 시스템의 전개 과정에서 사용되는 전형적인 양식을 나타낸다.

표 3.4 자재소요계획에서 사용되는 양식 예

구 분	1주	2주	3주	4주	5주	6주	7주	8주
총소요량								
인수예정량								
현재고량								
순소요량								
입고계획량								
기말예상재고량								
발주계획								

위의 〈표 3.4〉에 있는 주요 용어의 의미는 다음과 같다.

- **총소요량**: 총소요량(gross requirement)은 상위품목의 생산계획으로부터 계산되어 나오는 수요량이다.
- **인수예정량**: 인수예정량(scheduled receipt)은 이미 발주가 되었으나 아직 입고되지 않은 입고가 확정된 수량이다.
- **현재고량**: 현재고량(on hand)은 생산이 착수되기 전 현재 확보하고 있는 재고기록부상에 기재되어 있는 재고 수량이다.
- **순소요량**: 순소요량(net requirement)은 총소요량에서 인수예정량과 현재고량을 차감한 수량이다.
- **입고계획량**: 입고계획량(planned receipt)은 신규주문량을 결정한 후 발주하

여 받게 되는 수량으로써 순소요량과 다를 수 있다. 입고계획은 순소요량과 같거나 큰 값이 된다. 납품업자들은 포장단위로 판매하려 하며, 제조현장에서는 생산준비비용 때문에 최소단위 이하의 생산은 하려하지 않는다. 따라서 순소요량을 그대로 발주하기보다는 일정한 로트 단위로 주문을 하기도 하는데 로트 크기에 대해서는 뒤에서 별도로 설명한다.

- **기말예상재고량**: 기말예상재고량은 총소요량을 충족시킨 후 해당 기간의 말에 남게 되는 예상재고량이다.
- **발주계획**: 발주계획(planned order release)은 입고계획에 명시된 수량이 정시에 입고되도록 주문을 내는 시점과 수량을 나타낸다. 발주 시기는 입고 시기에서 조달기간(Lead time)을 차감하여 결정한다.

예제 1.

MPS에는 의자 300개가 제8주 말에 납품 예정으로 나타나 있다. 이미 발주하여 인수 예정인 부품과 수량은 제2주째에 다리 150개와 제3주째에 기둥 60개이며 부품별 조달시간, 현재고량 및 입고단위는 다음 〈표 3.5〉와 같고 자재명세서는 〈표 3.2〉와 같다고 할 때 발주계획을 세워보자.

표 3.5 해당 제품의 재고에 대한 정보

품 명	현재고량	조달기간	입고단위	비 고
의자	20	1	LFL	순소요량만큼 입고
등받이부	30	1	300개	300개 단위로 입고
기둥	10	5	60	60개 단위로 입고
세로 받침대	10	1	LFL	순소요량만큼 입고
가로 받침대	10	1	LFL	순소요량만큼 입고
좌석부	10	1	LFL	순소요량만큼 입고
쿠션	10	1	LFL	순소요량만큼 입고
다리	10	4	150	150개 단위로 입고
긴 가로대	10	1	LFL	순소요량만큼 입고
짧은 가로대	10	2	LFL	순소요량만큼 입고

구분	주	1	2	3	4	5	6	7	8
의자	총소요량								300
LT=1	인수예정량								0
LS=LFL	현재고량	20	20	20	20	20	20	20	20
	순소요량								280
	입고계획량								280
	기말 예정재고량	20	20	20	20	20	20	20	0
	발주계획							280	
등받이부	총소요량							280	
LT=1	인수예정량							0	
LS=LFL	현재고량	30	30	30	30	30	30	30	
	순소요량							250	
	입고계획량							250	
	기말 예정재고량	30	30	30	30	30	30	0	
	발주계획						250		
기둥	총소요량						500		
LT=5	인수예정량			60					
LS=60	현재고량	10	10	10	70	70	70		
	순소요량						430		
	입고계획량						480		
	기말 예정재고량	10	10	70	70	70	50		
	발주계획	480							
세로 받침대	총소요량						1000		
LT=1	인수예정량						0		
LS=LFL	현재고량	10	10	10	10	10	10		
	순소요량						990		
	입고계획량						990		
	기말 예정재고량	10	10	10	10	10	0		
	발주계획					990			
가로 받침대	총소요량						250		
LT=1	인수예정량						0		

LS=LFL	현재고량	10	10	10	10	10	10		
	순소요량						240		
	입고계획량						240		
	기말 예정재고량	10	10	10	10	10	0		
	발주계획					240			
좌석부	총소요량							280	
LT=1	인수예정량							0	
LS=LFL	현재고량	10	10	10	10	10	10	10	
	순소요량							270	
	입고계획량							270	
	기말 예정재고량	10	10	10	10	10	10	0	
	발주계획						270		
쿠션	총소요량						270		
LT=1	인수예정량						0		
LS=LFL	현재고량	10	10	10	10	10	10		
	순소요량						260		
	입고계획량						260		
	기말 예정재고량	10	10	10	10	10	0		
	발주계획					260			
다리	총소요량						540		
LT=4	인수예정량		150						
LS=150	현재고량	10	10	160	160	160	160		
	순소요량						380		
	입고계획량						450		
	기말 예정재고량	10	160	160	160	160	70		
	발주계획		450						
긴 가로대	총소요량						540		
LT=1	인수예정량								
LS=LFL	현재고량	10	10	10	10	10	10		
	순소요량						530		
	입고계획량						530		

	기말 예정재고량	10	10	10	10	10	0		
	발주계획					530			
짧은 가로대	총소요량						1080		
LT=2	인수예정량								
LS=LFL	현재고량	10	10	10	10	10	10		
	순소요량						1070		
	입고계획량						1070		
	기말 예정재고량	10	10	10	10	10	0		
	발주계획				1070				

* LFL: Lot For Lot, 즉 순소요량만큼씩 입고 됨을 나타냄, LS: Lot Size, 즉 로트크기임

품목별 발주계획 요약

품 목	발주량(개)	발주 시기(주)	입고예정일(주)	조달 방법
의자	280	7주	7주	당사 조립
등받이부	250	6	7	당사 조립
기둥	480	1	6	구매
세로 받침대	990	5	6	구매
가로 받침대	240	5	6	구매
좌석부	270	6	7	당사 조립
쿠션	260	5	6	구매
다리	450	2	6	구매
긴 가로대	530	5	6	구매
짧은 가로대	1070	4	6	구매

4. 발주 방식

본 절에서는 MRP 전개 과정에서 순소요량에 따라 주문량과 주문 시기를 바로 정할 것인지, 아니면 몇 기간에 걸쳐 있는 순소요량을 묶어서 한 번에 주문할 것인지 결정하는 문제를 다룬다. 예를 들어서 인수예정량과 현재고량이 각각 0, 조달기간이 1, 그리고 총순소요량이 다음과 같은 경우를 생각해 보자.

주	1	2	3	4	5	6	7	8	9	10	11	12
총소요량		40	30	80	30	50	15	30	110	60	30	130
인수예정량												
현재고												
순소요량												
입고계획량												
기말 예상재고												
발주계획												

매 주마다 필요한 양만큼만 발주를 낼 수도 있고 얼마의 양만큼씩 묶어서 발주를 낼 수도 있는데 이와 같이 1회 발주의 양을 결정하는 문제를 로트 크기의 결정 문제라고 한다.

4.1 LFL 방식

LFL(Lot For Lot)은 비교적 단순한 방식으로써 그 주에 필요한 양만큼씩만 주문하는 것으로써 위의 예를 LFL 방식으로 입고계획량 및 발주계획을 세우면 다음과 같이 된다.

주	1	2	3	4	5	6	7	8	9	10	11	12
총소요량		40	30	80	30	50	15	30	110	60	30	130
인수예정량												
현재고	0	0	0	0	0	0	0	0	0	0	0	0
순소요량		40	30	80	30	50	15	30	110	60	30	130
입고계획량		40	30	80	30	50	15	30	110	60	30	130
기말 예상재고		0	0	0	0	0	0	0	0	0	0	0
발주계획	40	30	80	30	50	15	30	110	60	30	130	

LFL은 기말 예상재고를 항상 0으로 만들기 때문에 재고유지비용은 최소가 된다. 그러나 필요할 때마다 발주가 나가기 때문에 주문횟수가 많아짐으로 1회 주문비가 클 때에는 바람직한 방법이라고 볼 수 없다.

4.2 EOQ 방식

경제적 주문량(EOQ: Economic Order Quantity) 방식을 적용하여 1회 주문량을 결정하려면 재고유지비와 1회 주문비를 알아야 한다. 예를 들어서 재고 1단위를 1주간 보관하는데 200원, 1회 주문비가 50,000원이라고 할 때 경제적 주문량은 다음과 같이 된다.

12주간 동안의 총소요량 $D = 40 + 30 + \cdots + 130 = 605$

12주간 동안 1단위 보관비용 $H = 200 \times 12 = 2,400$

1회 주문비 $S = 50,000$

따라서

$$EOQ = \sqrt{\frac{2DS}{H}} = \sqrt{\frac{2 \times 605 \times 50,000}{H}} = 159 \qquad \cdots\cdots (4.1)$$

1회 경제적 발주량이 159개이므로 발주 필요가 발생할 때마다 159개씩 발주를 내는 입고계획을 세운다. 1회 발주량을 159개로 할 경우 위의 예에 대한 결과는 다음과 같다.

주	1	2	3	4	5	6	7	8	9	10	11	12
총소요량		40	30	80	30	50	15	30	110	60	30	130
인수예정량												
현재고	0	0	119	89	9	138	88	73	43	82	22	151
순소요량		40	0	80	21	0	0	0	67	0	8	0
입고계획량		159	0	0	159	0	0	0	159	0	159	0
기말 예상재고		119	89	9	138	88	73	43	82	22	151	21
발주계획	159			159				159		159		

재고 관련 비용은 다음과 같이 계산된다.

기말 예상재고량 합계: 835단위
1단위를 1주 동안 보관하는 재고유지비용 = 200원
1회주문비용 = 50,000원
주문횟수 = 4회

따라서 총비용 = 재고유지비용 + 주문비용
= 835 × 200 + 4 × 50,000 = 367,000(원)

4.3 POQ 방식

POQ(Period Order Quantity) 방식은 주문의 필요가 있는 기간마다 발주를 내지 않고 일정한 몇 개 기간 동안 발생되는 순소요량들의 합을 주문의 필요가 발생되는 첫 기간에 발주를 내는 방식이다. 몇 개의 기간을 묶어서 주문 내는 것이 경제적인지는 다음의 계산을 통해서 얻어진다.

d: 주간 평균수요율
h: 1주간 동안의 1단위 재고유지비용
t: 주문주기, 이때 주문횟수: $1/t$가 됨.
s: 1회 주문비용
최대재고 수준: $t \times d$, 최소재고 수준: 0, 따라서 1주간 평균재고 수준: $t \times d/2$

총비용 = 주문비 + 재고유지비
=1회 주문비 × 주문횟수 + 1주 동안의 재고유지비 × 평균재고 수준

즉, 총비용 $TC(t) = s \times \frac{1}{t} + h \times \frac{t \cdot d}{2}$ ······ (4.2)

그래프에서 보는 바와 같이 주문비와 재고유지비용이 일치할 때 총비용은 최소가 되므로

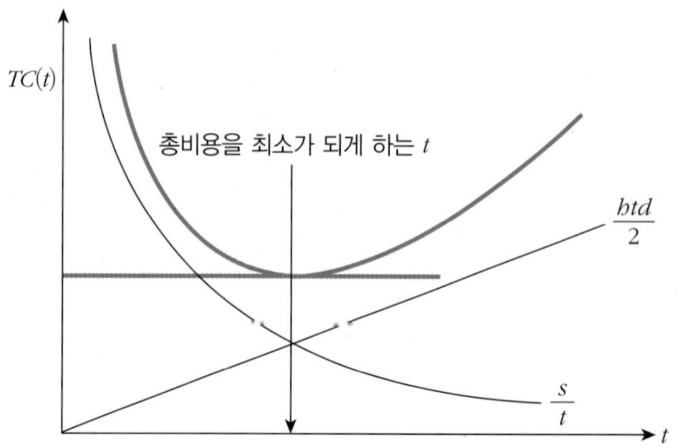

$$\frac{s}{t} = \frac{htd}{2} \qquad \cdots\cdots (4.3)$$

$$t^2 = \frac{2s}{hd}$$

$$t = \sqrt{\frac{2s}{hd}}$$

와 같이 주문 주기를 구할 수 있다. 위의 예에서 1회 주문비가 50,000원, 1주간 동안의 재고유지비용이 200원, 11주 동안의 총소요량이 605이므로 평균수요율은 55(=605/11)가 된다. 이를 (4.3)식에 대입하여 주기 t를 구하면 다음과 같다.

$$t = \sqrt{\frac{2s}{hd}} = \sqrt{\frac{2 \times 50,000}{200 \times 55}} = 3.01 \cong 3$$

따라서 3주간 동안의 수요를 발주량으로 정하여 입고계획량 및 발주계획을 수립하여 위의 예에 적용하면 다음과 같이 된다.

주	1	2	3	4	5	6	7	8	9	10	11	12
총소요량		40	30	80	30	50	15	30	110	60	30	130
인수예정량												
현재고		0	110	80	0	65	15	0	170	60	0	130
순소요량		40	0	0	30	0	0	30	0	0	30	0
입고계획량		150	0	0	95	0	0	200	0	0	160	0
기말 예상재고		110	80	0	65	15	0	170	60	0	130	630
발주계획	150			95			200			160		

총비용을 계산하면 다음과 같다.

기말 예상재고 합계 = 630

주문횟수 = 4회

따라서 총비용 = 재고유지비용 + 주문비용 = 630×200 + 4 × 50,000
= 326,000원

4.4 LUC 방식

LUC(Least Unit Cost) 방식은 수요가 발생하는 첫 주부터 시작하여 재고유지비와 주문비를 계산해 가면서 비용이 감소하다가 증가하게 될 때, 비용 증가 바로 전까지의 수요량을 모두 합하여 1회 주문 로트로 정하는 방식이다. 앞의 예에서 주문비는 50,000원, 1단위 1주간 동안의 재고유지비는 200원이므로 이를 적용하여 로트의 크기를 정하게 되면 다음과 같다.

주	순 소요량	재고 보유 기간	재고유지비	주문비	총비용	로트 크기	단위당 비용
2	40	0	0	50,000	50,000	40	1,250
3	30	1	1×30×200=6000	50,000	56,000	70	800
4	80	2	6000+2×80×200=38,000	50,000	88,000	150	586.7
5	30	3	38,000+3×30×200=56,000	56,000	144,000	180	800

단위당 비용이 로트 크기 150단위에서 최소가 되므로 150단위를 첫 번째 로트로 정한다.

주	순 소요량	재고 보유 기간	재고유지비	주문비	총비용	로트 크기	단위당 비용
5	30	0	0	50,000	50,000	30	1,666.7
6	50	1	1×50×200=10,000	50,000	60,000	80	750
7	15	2	10,000+2×15×200=16,000	50,000	66,000	95	694.7
8	30	3	16,000+3×30×200=34,000	50,000	84,000	125	672
9	110	4	34,000+4×110×200=122,000	50,000	172,000	235	731.9

주	순 소요량	재고 보유 기간	재고유지비	주문비	총비용	로트 크기	단위당 비용
9	110	0	0	50,000	50,000	110	454.5
10	60	1	1×60×200=12,000	50,000	62,000	170	364.7
11	30	2	12,000+2×30×200=24,000	50,000	74,000	200	370

주	순 소요량	재고 보유 기간	재고유지비	주문비	총비용	로트 크기	단위당 비용
11	30	0	0	50,000	50,000	30	1,666.7
12	130	1	1×130×200=26,000	50,000	76,000	160	292.3

위와 같이 주문 로트의 크기를 정하여 발주를 하게 되면 다음과 같은 결과를 얻는다.

주	1	2	3	4	5	6	7	8	9	10	11	12
총소요량		40	30	80	30	50	15	30	110	60	30	130
인수예정량												
현재고		0	110	80	0	95	45	30	0	60	0	130
순소요량		40	0	0	30	0	0	0	110	0	30	0
입고계획량		150	0	0	125	0	0	0	170	0	160	0
기말 예상재고		110	80	0	95	45	30	0	60	0	130	
발주계획	150			125				170		130		

기말 예상재고량 합계 = 110 + 80 + ⋯ + 130 = 550

주문횟수 = 4회

따라서 총 비용 = 550×200 + 4×50,000 = 310,000원

4.5 PPA 방식

PPA(Part Period Algorithm) 방식은 재고유지비와 주문비의 경제적 비율이라고 할 수 있는 EPP(Economic Part Period) 값을 다음 식(4.4)에 의해 계산한 후 부품의 재고보유기간 합이 EPP 값을 넘지 않는 데까지 부품의 순소요량을 모아 한 로트로 정해 발주하는 방식이다.

$$EPP = \frac{s}{h} \qquad \cdots\cdots (4.4)$$

여기서 s는 1회 주문비를 의미하고, h는 1주간 동안 1단위의 재고유지비를 의미한다. 위의 예에 대해서 PPA 방식을 적용하면 다음과 같다.

먼저 1회 주문비가 50,000원이고, 1주간 단위 재고유지비가 200원이므로 EPP 값을 구하면

$$EPP = \frac{s}{h} = \frac{50,000}{200} = 250$$

이 된다.

주	1	2	3	4	5	6	7	8	9	10	11	12
총소요량		40	30	80	30	50	15	30	110	60	30	130
인수예정량												
현재고												
순소요량												
입고계획량												
기말 예상재고												
발주계획												

주	총소요량	주문량이 묶여지는 기간	주문량	부품 보유기간의 합
2주	40	2주	40	0
3주	30	2주, 3주	40 + 30 = 70	1주×30 = 30
4주	80	2주, 3주, 4주	70 + 80 = 150	30 + 2주×80 = 190
5주	30	2주, 3주, 4주, 5주	150 + 30 = 180	190 + 3주×30 = 240
6주	50	2주, 3주, 4주, 5주, 6주	180 + 50 = 230	240 + 4주×50 = 440

EPP의 값이 250이므로 부품보유기간의 합이 250을 넘지 않는 최대값은 240이 되어 첫 번째 주문 로트 크기는 180단위가 된다. 두 번째 주문 로트의 크기를 같은 방법으로 계산하면

주	총소요량	주문량이 묶여지는 기간	주문량	부품 보유기간의 합
6주	50	6주	50	0
7주	15	6주, 7주	50 + 15 = 65	1×15 = 15
8주	30	6주, 7주, 8주	65 + 30 = 95	15 + 2×30 = 75
9주	110	6주, 7주, 8주, 9주	95 + 110 = 205	75 + 3×110 = 405

이 되어 6주부터 8주까지의 총소요량 95개가 두 번째 로트가 된다. 이어서 세 번째 로트를 정하게 되면 다음과 같이 9주부터 11주까지 200단위가 되고 네 번째 로트는 12주 130단위가 된다.

주	총소요량	주문량이 묶여지는 기간	주문량	부품 보유기간의 합
9주	110	9주	110	0
10주	60	9주, 10주	110 + 60 = 170	1주×60 = 60
11주	30	9주, 10주, 11주	170 + 30 = 200	60 + 2주×30 = 120
12주	130	9주, 10주, 11주, 12주	200 + 130 = 330	120 + 3주×130 = 510

이렇게 정한 주문 로트 크기를 적용하여 발주계획을 세우게 되면 다음과 같다.

주	1	2	3	4	5	6	7	8	9	10	11	12
총소요량		40	30	80	30	50	15	30	110	60	30	130
인수예정량												
현재고		0	140	110	30	0	45	30	0	90	30	0
순소요량		40	0	0	0	50	0	0	110	0	0	130
입고계획량		180	0	0	0	95	0	0	200	0	0	130
기말 예상재고		140	110	30	0	45	30	0	90	30	0	
발주계획	180				95			200			130	

기말 예상재고의 합은 475단위이며, 4회 발주가 이루어지게 됨으로 총비용은 다음과 같다.

$$총비용 = 475 \times 200+4 \times 50,000 = 295,000(원)$$

지금까지 로트 크기를 결정하는 5가지 방식에 대해서 살펴보았다. 한 가지 예를 이용하여 각 방식에 대해서 총비용을 계산한 결과 PPA 방식이 최소비용을 나타내었는데 그렇다고 하여 항상 이 방식이 최적이라고 단정하는 것은 무리이다. 또한 재고유지비용과 주문비용의 추정이 현실 속에서 더욱 어려운 문제가 될 수 있다는 것을 감안해 볼 때 자사에 맞는 적절한 방식을 선택하여 로트 크기를 정하고 적용해 가는 것이 바람직할 것으로 판단된다.

5. MRP 시스템의 재계획

지금까지 진행해 온 MRP 시스템의 전개는 한번 MPS가 정해지면 바뀌지 않는다는 전제 하에 진행해 왔다. 하지만 생산환경은 수시로 변화한다. 생산이 추가되기도 하고 갑자기 취소되기도 한다. 재고 수량이 조정되는 경우가 발생할 수도 있고,

입고되기로 한 날짜가 지켜지지 못하는 경우가 발생할 수도 있다. 이런 변화의 환경 속에서 이미 MRP 시스템의 운용을 통해서 발주계획을 다시 세우기 위하여 재생성 방법(Regenerative method)과 순수변경 방법(Net Change method) 등 두 가지 방법을 생각해 볼 수 있다. 재생성 방법은 MRP 시스템의 입력정보에 변화가 일어났을 때 변화된 자료를 새롭게 입력시킨 후 MRP 시스템 전체를 다시 전개하여 발주계획을 처음부터 새로 생성해 내는 방식이다. 한편 순수변경 방법은 변화가 일어난 입력정보만 추가로 변경시켜 부분적으로만 MRP 시스템을 가동하는 방식이다. 예를 들면 다음과 같이 MPS상에 변화가 있다고 하자.

최초 MPS 정보 예

주	1	2	3	4	5	6	7	8
총소요량								300

수정된 MPS 정보 예

주	1	2	3	4	5	6	7	8
총소요량							100	300

최초 MPS에서는 8주 말에 300단위의 제품 생산을 요청한 상태였으나 7주 말에 급하게 100단위의 제품에 대한 추가 생산 의뢰가 있었다고 할 때, 재생성 방법에서는 초기 MPS 정보에 의해 산출된 발주계획은 무시하고 다시 처음부터 수정된 MPS 자료를 입력정보로 하여 MRP 시스템을 가동하고 발주계획을 수립하게 된다.

한편 순수변경 방법은 추가된 부분, 즉 7주말 100단위 추가생산 의뢰된 부분에 대해서만 MRP 시스템에 입력한 후 해당되는 정보만 변경하고 출력정보를 얻게 된다.

순수변경 추가정보 예

주	1	2	3	4	5	6	7	8
총소요량							+100	

수시로 변화하는 생산환경 하에서 정보의 수정이 있을 때마다 재생성 방법을 적용하는 데에는 다소 무리가 따른다. 그러나 재생성 방법은 주기적으로 적용시킬 필요가 있다. 왜냐하면 순수변경 방법만을 계속 적용하게 될 경우 혹 발생된 오류 데이터가 시스템 상에 계속 존재하게 될 수 있기 때문이다.

연습문제

01 제품 P는 부품A 2개와 부품B 4개로 구성되어 있고, 부품A 는 조립품 X 1개와 Y 3개로, 부품B는 X 2개와 K 5개로 조립된다. 제품, 부품 및 조립품의 조달 및 조립기간이 다음과 같을 때 물음에 답하시오.

제품 P: 1주, 부품 A: 2주, 부품 B: 3주, 조립품 X: 2주, 조립품 Y: 1주, 조립품 K: 3주

물음 1. BOM(제품구조나무)를 그리시오.

물음 2. 만일 현재부터 10주 후에 제품 P100개가 필요하다고 주일정계획상에 나타나 있을 때 자재소요계획을 작성하시오. 단, 모든 제품, 부품 및 조립품에 대한 생산과 구매에 대한 발주 단위는 LFL 방식을 택한다. 그리고 각 제품, 부품 및 조립품의 현재 재고량은 0, 안전재고량도 0으로 가정한다.

02 MPS, BOM, 재고 관련 정보가 다음과 같을 때 MRP를 구성하시오.

MPS

MPS	주								
	1	2	3	4	5	6	7	8	9
제품A									500
제품B									600

BOM

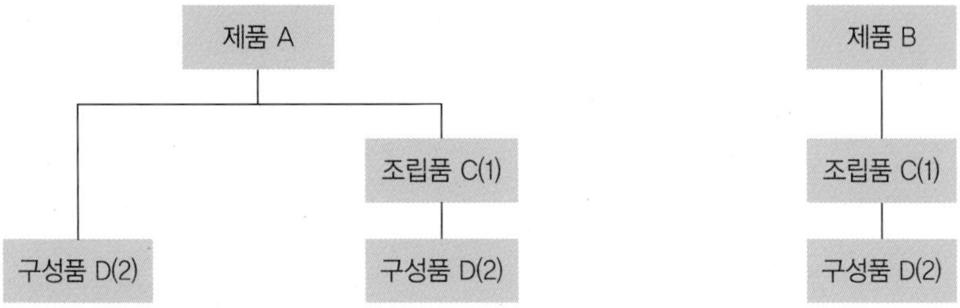

재고 관련 정보

품명	현재고량	조달기간	안전재고량	입고단위
A	40	2	10	LFL
B	60	2	10	LFL
C	50	1	20	1,000
D	150	1	30	1,000

제4장

MES의 이해

1. MES 실습환경
2. 자재관리 교육시스템을 활용한 실습 사례
3. MES 실습

1. MES 실습환경

본 장은 자재관리 실습을 위하여 개발하여 설치된 MES(Manufacturing Execution System) 프로그램 운영에 대한 설명이다. MES 프로그램은 NCS에 기반한 교육 과정의 운영에 있어서 생산관리 인력 양성에 초점이 맞추어져 있으며, 신안산대학교에서 기 개발하여 적용하고 있는 교육용 MES와 연계되어 있다.

본 절에서는 교육용 MES와 연계된 자재관리 입출고처리 프로세스, 자재검수 프로세스, 및 자재 보관을 위한 설비 등을 제시한다.

1.1 기업 업무를 적용한 교육용 MES 프로그램

교육용 MES는 현재 다수의 중소기업에서 업무에 활용하고 있는 업무프로그램을 분석하여 이론과 전문가 경험을 적용하여 일반화된 교육용 MES로 개발되었으며, 현재 대학의 생산관리 인력 양성을 위하여 적용되고 있다. 교육용 MES의 개발을 위하여 업무 영역을 크게 고객, 영업, 물류, 구매, 자재, 생산 및 창고 등 7개 부문

그림 4.1 교육용 MES 프로그램 개발을 위하여 한정한 업무 영역 및 정보흐름

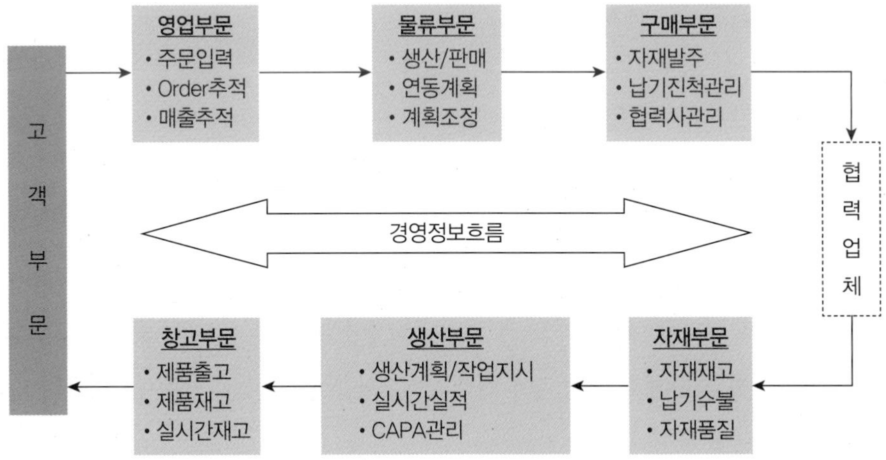

으로 한정하였다. 각 부문들은 고객으로부터 수주가 이루어지는 시점부터 업무흐름이 진행되며, 그 흐름 및 각 부문에서 진행되는 업무의 주요 내용을 [그림 4.1]에 나타낸다.

교육용 MES 프로그램은 다수의 중소기업에서 자사에 구축된 MES 프로그램을 활용하여 수행하고 있는 업무흐름을 반영하여 개발된 일반화된 프로그램으로써 생산 인력의 양성을 위한 실습교육에 활용이 가능한데, 그 프로그램의 구성은 [그림 4.2]와 같다.

그림 4.2 일반화된 교육용 MES 프로그램 구성도

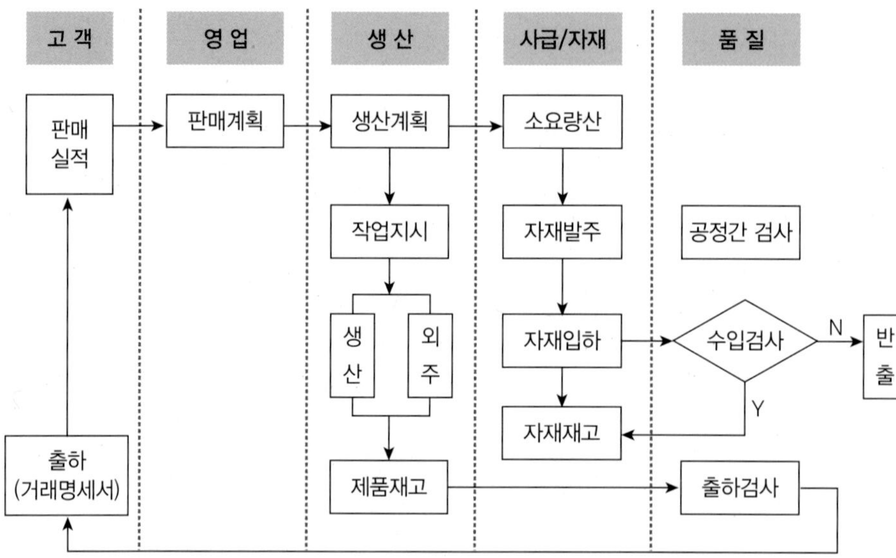

1.2 실습교육에 적용한 MES 시뮬레이션 프로그램

일반화된 교육용 MES를 이용하여 실습교육을 실시할 때 활용되는 시뮬레이션 프로그램을 별도로 개발하였다. 시뮬레이션 프로그램의 활용은 크게 자재입하 전단계와 자재입하 후단계로 구성되어 진행되며, 실습은 [그림 4.3]과 같은 내용으로 진행된다.

그림 4.3 교육용 MES 실습을 위한 시뮬레이션 프로그램 구성

단계	품번표준화	거래처정보	BOM 구축	기타 기준정보
자재 입하 전 단계	- 구매 품번 - 판매제품 품번 - 생산 품번 - 부서별 품번	- 거래처 코드 - 거래처 유형 - 거래처정보	- 공정흐름별 품번 - 자재소요량 - 자재 취급단위 - 부서별 품번	- 비가동 항목 - 부적합 항목 - 설비정보 - 사원정보 - 사원별 권한

단계	자재관리	생산관리	제품관리	품질관리
자재 입하 후 단계	- 자재입하 - 자재공정출고 - 자재발주 - 자재재고	- 생산계획 - 작업지시 - 작업일보 등록 - 공정재고	- 판매계획 - 제품출하 - 제품재고 - 로트 추적	- 수입검사 - 공정검사 - 최종검사 - SPC

1.3 자재관리 실습환경과 실습 방법

자재관리 실습을 위하여 129.6m^2 규모의 공간을 확보하고, 실습 자재창고를 구축하였다. 자재창고에 대한 레이아웃은 [그림 4.4]에 나타낸다. 자재창고는 크게 입하작업대, 수입검사대, 각종 Rack으로 구성된 자재보관대 및 출하작업대로 구성되어 있고, 자재창고 옆은 같은 규모 크기의 전산실습실로써 컴퓨터 실습이 이루어진다. 그리고 [그림 4.4]에 나타난 현황판은 전산실습실에서 입력되는 각종 데이터 및 입력 데이터를 통해서 변환되는 각종 생산 관련 정보들을 보여준다.

구매된 자재가 입하작업장에 들어오게 되면, 먼저 자재의 종류, 수량, 단가, 입고 단위, 납품 거래처 등에 대한 정보 입력이 이루어지는 등, 자재입하 업무에 대한 실습이 가능하게 구성되어 있다. 입하업무를 위하여 PDA, RFID, QR코드, NFC테그 및 바코드 스캐너 등의 장비를 비치해 두었으며, 입하자재의 특성에 따라 자재입하 방법이 적용된다. 입하작업대에서 실습을 할 때 사용되는 실습도구의 예를 [그림 4.5]에 나타낸다.

그림 4.4 자재관리 실습을 위한 자재창고 구축 예

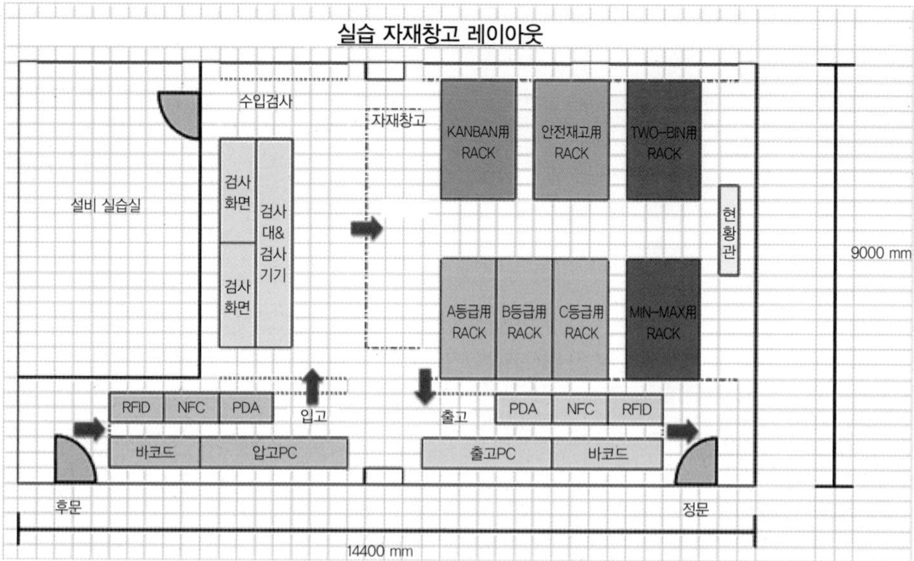

그림 4.5 입하작업 실습 방법들의 예

구매된 자재에 대해서 입하절차가 마무리 되면 수입검사절차가 진행된다. 수입검사가 진행되기 전에 수입검사 항목의 지정, 합격 · 불합격의 기준, 수입검사 방식 등이 먼저 완료되어 있어야 한다.

수입검사로 옮겨진 자재들은 미리 정해놓은 기준과 방식에 따라서 수입검사가 진행되는데, 실습실에는 버니어캘리퍼스, 마이크로미터, R각을 측정할 수 있는 게이지, 저울, 그리고 자 등이 비치되어 있다. 버니어캘리퍼스와 마이크로미터는 컴퓨터와 케이블로 연결되어 있어서 측정된 값은 자동적으로 컴퓨터에 입력되도록

하였다. 수입검사 실습을 위하여 버니어캘리퍼스, R각 측정게이지 및 마이크로미터 등 각종 측정 도구들이 사용된다.

측정된 데이터에 대해서는 관리도와 그래프 등으로 그려낼 수 있으며, 합격 · 불합격 여부는 이미 정해져서 컴퓨터에 입력된 기준 값을 참조하여 화면상에서 확인이 가능하다. 합격 판정된 자재는 정해진 저장 장소로 보내져서 정해진 RACK에 입고시키는 작업이 진행되고, 불합격 판정된 자재는 불합격 자재를 보관하는 장소로 보내져서 관리된다.

보관된 자재에 대한 출고는 생산 공정으로부터 불출 요청이 있을 때 청구서를 확인한 후 정해진 불출절차에 따라 진행한다. 실습실에 설치된 자재출고대는 PC, 바코드 프린터, 바코드 스캐너, PDA 등으로 구성되어 있다. 각 자재에 따라 정해진 입 · 출고 방식에 맞추어 출고업무가 진행되는데, 출고되는 자재의 종류, 수량, 출고일 등의 정보가 컴퓨터에 입력되고 출고절차가 마무리된 자재는 정해진 생산 공정으로 출고된다.

2. 자재관리 교육시스템을 활용한 실습 사례

자재관리의 실습은 생산정보시스템을 통해서 작성된 각종 정보들, 예를 들면, 거래처정보, BOM정보, 생산계획정보, 자재발주정보 등이 존재한다는 가정 하에서 자재입하작업, 수입검사작업, 자재보관작업, 불합격품처리작업 및 출하작업 순으로 진행된다. 다음 [그림 4.6]은 생산정보시스템 실습 화면의 한 예를 보여준다.

그림 4.6 생산정보시스템을 이용한 전산작업 실습의 예

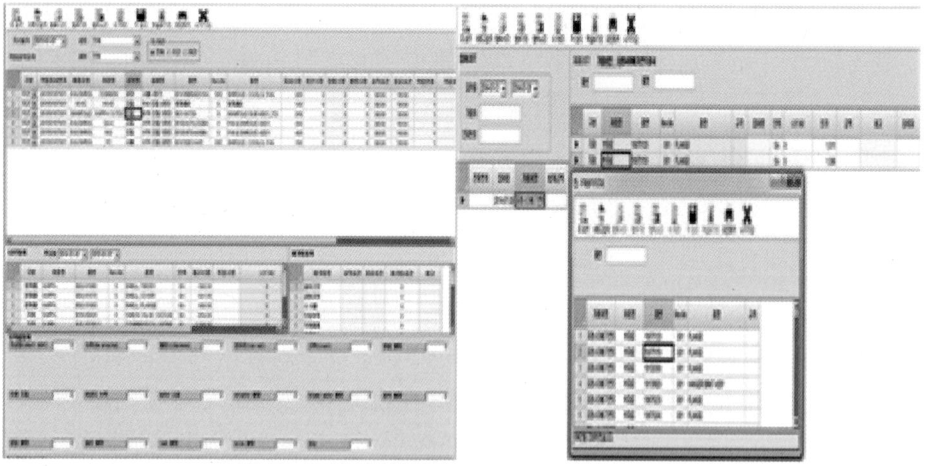

2.1 입하작업 실습

입하된 자재는 자재운반대차를 이용하여 입하작업장으로 이동된다. 입하된 자재에 부착된 테그를 이용하여 자재 관련 정보를 컴퓨터에 입력하게 되고, 입하작업이 완료된 자재들은 수입검사대로 이동한다.

2.2 수입검사작업 실습

입하 완료된 자재들 중에서 수입검사가 필요하다고 정해진 자재들은 수입검사대로 이동된다. 수입검사는 치수, 중량, 외관검사 등으로 나누어서 이루어지며, 검사가 이루어진 데이터는 컴퓨터에 입력된다. [그림 4.7]은 수입검사 실습작업을 진행한 결과에 대한 데이터 입력 화면을 보여준다.

그림 4.7 수입검사 후 데이터 입력 화면 및 결과 화면 예

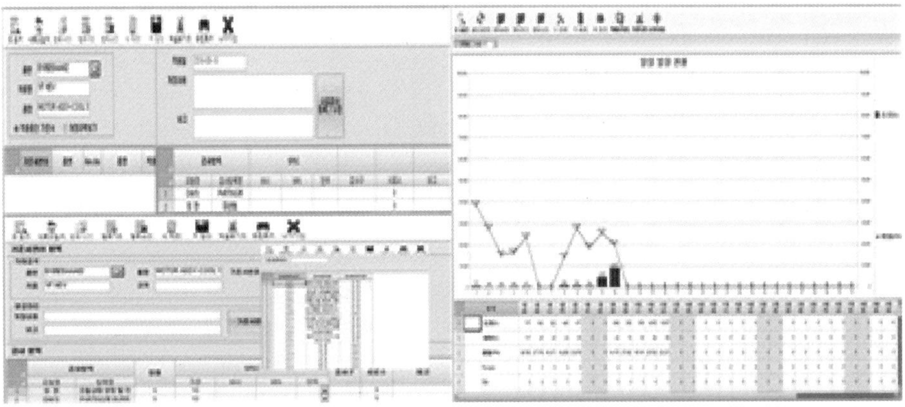

2.3 보관작업 실습

정해져서 이미 컴퓨터에 입력된 합격, 불합격의 기준에 따라서 자재의 합격, 불합격 판정이 이루어지며, 합격품은 정해진 RACK으로 이동하여 보관된다. 한편 불합격품은 불합격 저장 장소로 이동되며 불합격 테크를 부착하여 합격품과 철저히

그림 4.8 수입검사 후 합격품과 불합격품의 처리 및 입고 실습 예

격리 조치한다. [그림 4.8]은 수입검사가 완료된 합격품과 불합격품의 처리 및 입고 과정을 보여준다.

2.4 출하작업 실습

출하작업은 생산공정으로부터 자재출하 요청이 있을 때 진행된다. 출하요청은 자재청구서를 발행함으로써 시작되며, 출하작업에 활용하는 실습 도구는 입하작업의 경우와 동일하다. 자재출하가 완료되면 컴퓨터의 자재 정보는 갱신된다.

3. MES 실습

본 절에서는 MES 프로그램을 이용하여 수행하게 되는 자재 및 재고관리 방법을 설명한다.

실습 1. MES에 BOM 등록하기

1. 바탕 화면에 있는 MES_school_test 메뉴를 더블클릭하면 다음 화면이 나타남.

2. 조를 선택하면 로그인 화면이 나타나게 되는데, 아이디와 비밀번호를 동일하게 "kisos" 입력하고 로그인하면 다음의 화면이 나타난다. ID, 비밀번호 변경하지 마세요.

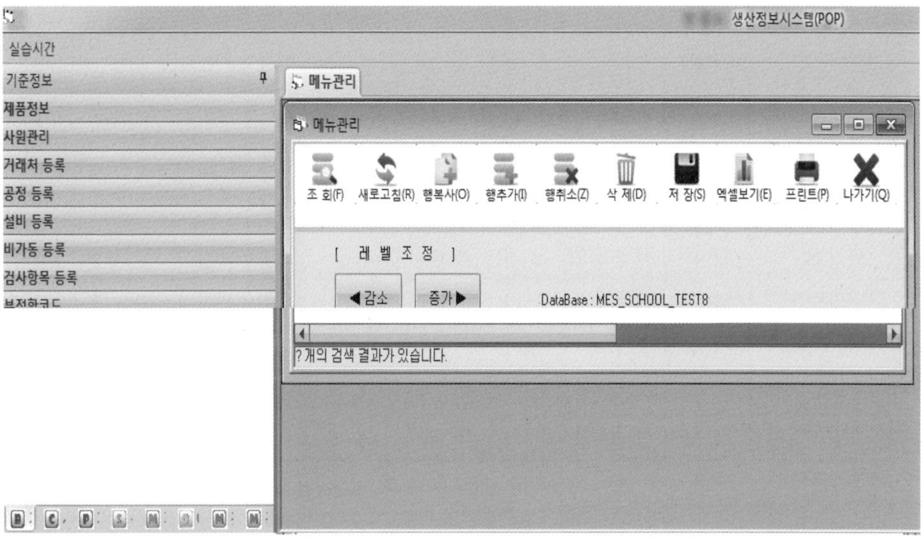

3. 자재명세서를 준비한다.

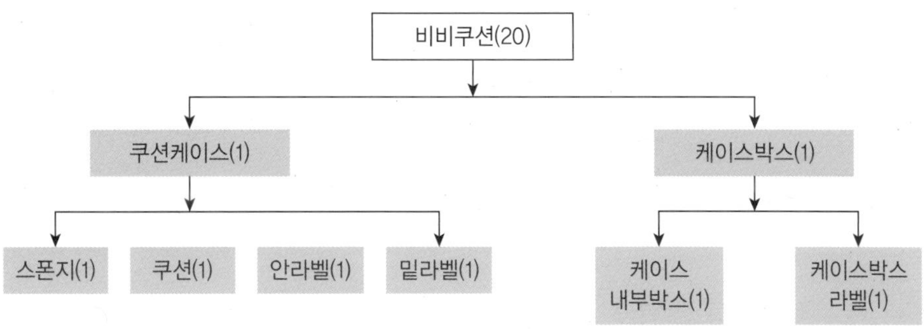

4. 자재명세서에 대해서 다음과 같은 데이터베이스를 구성한다.

부품명	부품 코드명	거래처	거래처 코드	입고 수량	입고 단위	가격	검사 기준	보관장소
비비쿠션	BBK1	아몰드 화장품	AMLD	–	–	15,000	–	Drive in Rack
쿠션케이스	KU01	송원상사	SWCO	100	EA	3,000	무검사	Drive in Rack
스폰지	SP01	송원상사	SWCO	500	EA	100	무검사	Roll Rack
쿠션	KU02	송원상사	SWCO	1,000	EA	200	직경	Roll Rack
인라벨	LB01	신성제지	SSPR	5,000	EA	1	무검사	Two Bin rack
밑라벨	LB02	신성제지	SSPR	5,000	EA	1	무검사	Two Bin rack
케이스박스	BK01	소리포장	SRPG	50	EA	150	육안	Drive in Rack
케이스내부박스	BK02	소리포장	SRPG	50	EA	20	육안	Drive in Rack
케이스박스라벨	LB03	신성제지	SSPR	5,000	EA	1	육안	Two Bin rack

5. 제품유형 등록

제품유형이란 제품(또는 부품)명을 의미하며, 제품유형 코드는 제품 코드를 의미한다. 아래 그림을 보면 기준정보 아래에 제품정보 메뉴가 있으며, 제품정보는 제품유형 등록, 구매단가이력, 판매단가이력 등으로 구성되어 있다.

제품유형 등록 메뉴를 클릭하고 행추가 버튼을 클릭하면 다음과 같은 화면이 나타난다.

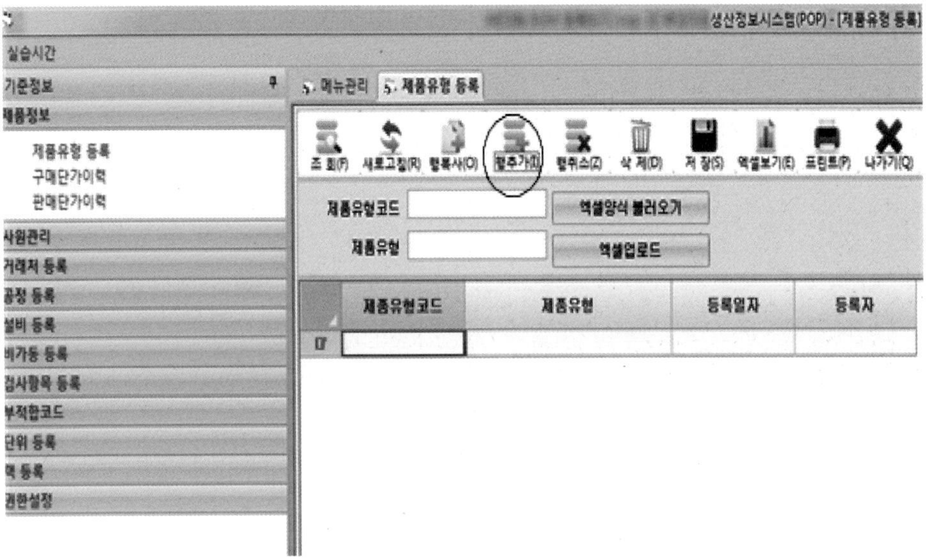

데이터베이스를 보면서 차례대로 제품 등록을 다음과 같이 완성한다.

6. 거래처 등록과 거래처코드 등록

거래처 등록 메뉴는 기준정보 메뉴에 있으며, 거래처 등록 메뉴를 클릭하면 거래처유형 등록과 거래처코드 등록 메뉴가 나타난다. 거래처코드 등록 메뉴를 선택한 후 제품유형 등록의 경우와 마찬가지로 행추가 버튼을 클릭하고 데이터베이스의 정보대로 다음과 같이 거래처를 등록한다.

7. 품번관리(제조) 등록

품번관리(제조) 메뉴에서 자재, 반제품, 완제품에 대한 정보를 입력한다. 품번관리(제조) 버튼을 클릭한 후 행추가를 하면 다음과 같은 화면이 나타난다.

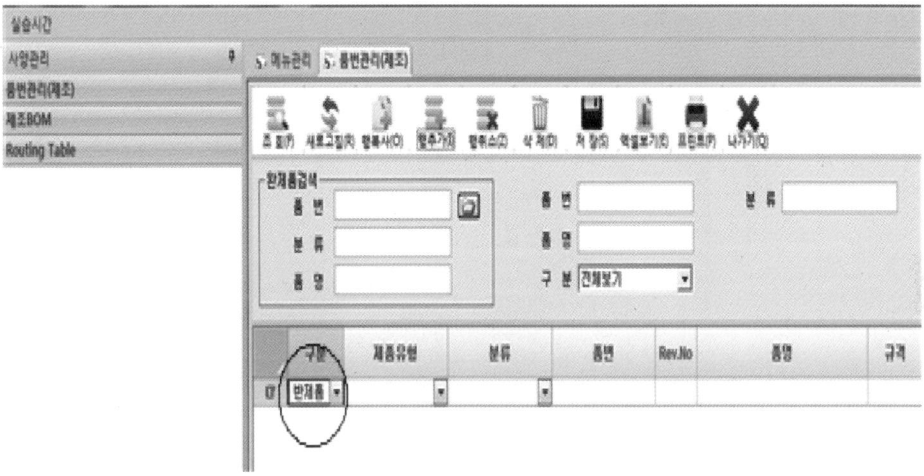

구분란의 버튼을 누르면, 완제품, 반제품, 자재를 선택할 수 있게 보여 진다. 완제품, 반제품 , 또는 자재를 입력하고자 한다면, 해당 사항을 선택한다. 그리고 다음 칸인 제품유형란에 더블클릭을 하여 입력하고자 하는 반제품이나 자재 등의 완제품을 선택한다. 분류입력란에는 Sample이 나타나게 되고, 품번란에는 구분란에서 선택한 것에 해당하는 품번을 기록한다. 그리고 Rev. No.는 수정 버전을 입력하는 란으로써 입력할 때에는 0을 입력한다. 그리고 품명은 품번에 해당하는 완제품, 반제품, 또는 자재의 품명을 기록한다. 완제품, 반제품 및 자재의 모든 종류에 대한 기록이 완료된 후에는 제조 BOM을 구성할 수 있다. 품번관리(제조)를 등록한 예를 다음 그림에 나타낸다.

8. 제조 BOM의 구성

완제품이 어떤 반제품과 자재들로 구성되어 있는지 표현한 것을 자재명세서(BOM: Bill Of Material)라고 한다. MES 프로그램에 자재명세서를 등록하는 것은 사양관리 메뉴의 제조 BOM에서 진행한다. 제조 BOM을 클릭하면 다음과 같은 먼저 구성되어 있는 다른 제품의 제조 BOM이 화면이 나타난다.

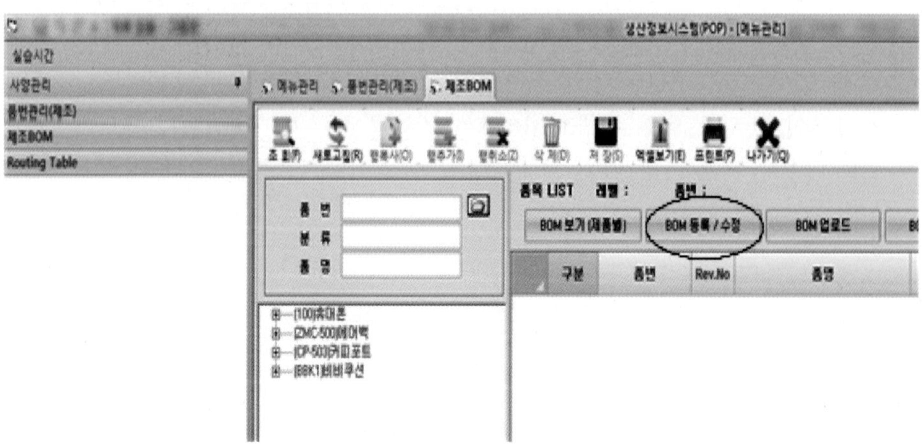

BOM 등록/수정 버튼을 클릭하면 다음과 같은 화면으로 바뀐다.

완제품 검색의 품번란 우측 버튼을 클릭하여 BOM 구성을 하고자 하는 완제품을 선택한다. 그후 행추가를 하면 입력칸이 나타나게 되고, 품번에 커서를 놓은 후 더블클릭을 하면 완제품, 반제품 및 자재 등이 나타나게 되어서 선택할 수 있게 된다. 'U/S'는 해당 자재나 반제품의 소요수량을 입력하는 란이다. 그리고 각각에 대하여 그림에 나타난 레벨조정 버튼을 이용하여 레벨조정을 한다. 입력이 완료되었으면 저장 버튼을 반드시 누른다. 비비쿠션의 쿠션케이스를 BOM 전개한 예를 다음 그림에 나타낸다.

9. 구매단가 등록/판매단가 등록

구매단가는 기준정보 메뉴에서 등록한다. 구매단가이력을 클릭한 후, 조회 버튼을 누르면 다음과 같이 거래처코드 및 거래처명이 나타난다.

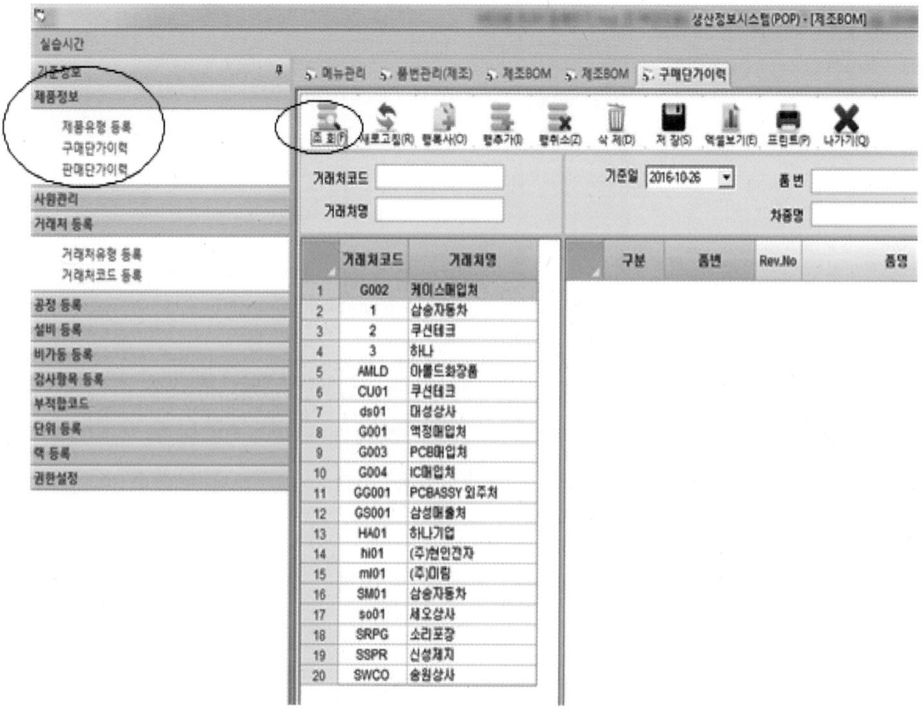

구매단가 등록은 거래처별로 진행한다. 구매단가는 거래처별로 등록이 진행되므로 자재 등을 구매하는 거래처를 먼저 선택한다. 그리고 그 거래처에서 구매하는 자재의 종류만큼 행추가를 한다. 추가된 행의 품번란에 마우스를 더블클릭하면 자재의 종류들이 나타난다. 구매단가를 입력하고자 하는 자재를 선택하여 단가를 입력한다. 한 거래처에서 구매하게 되는 모든 자재의 구매단가가 입력되었으면 저장을 한 후 다음 거래처에 대한 구매단가 등록을 위와 같은 방법으로 진행한다.

판매단가를 등록하는 과정도 구매단가를 등록하는 과정과 동일하다. 송원상사에서 구매되는 자재들의 구매단가 등록한 예를 다음 그림에 나타낸다.

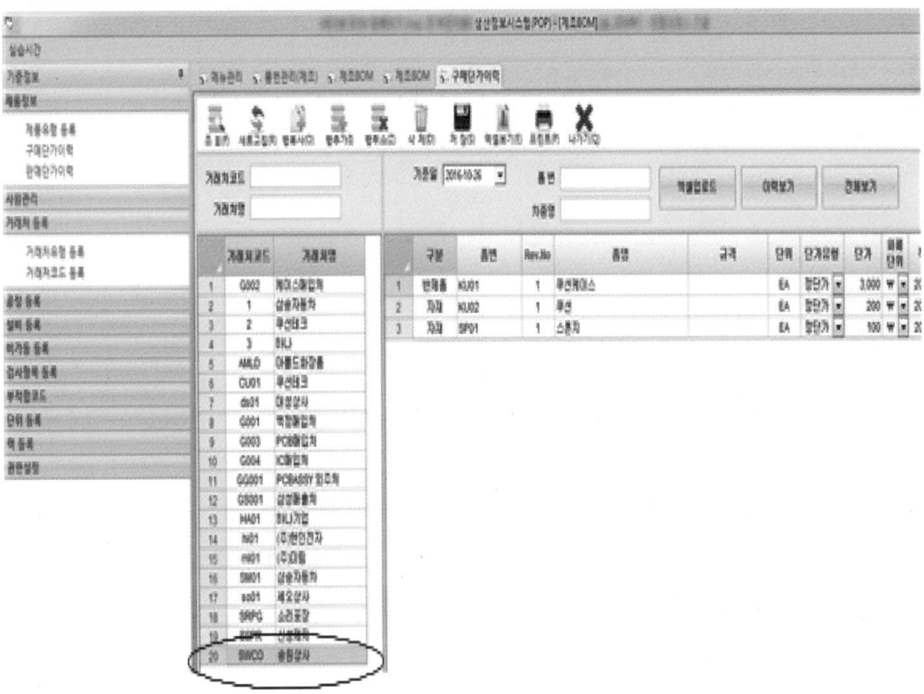

MES 실습 2. 렉 등록과 렉 지정

1. 렉 등록

자재가 입고되면 입고처리 및 수입검사 과정을 거쳐서 합격된 자재들은 창고에 보관된다. 창고에 보관할 때에는 자재별 지정된 위치에 입고가 이루어지도록 해야 하는데, 자재별 지정된 보관 장소를 MES에 등록하는 것을 렉 등록이라고 한다.

본 절에서는 다음의 비비쿠션 데이터베이스에 기재된 자재별 보관 장소를 등록하는 것을 예로 들면서 설명한다.

부품명	부품 코드명	거래처	거래처 코드	입고 수량 단위	입고 단위	가격	품질 검사 기준	보관장소
비비쿠션	BBK1	아몰드 화장품	AMLD	–	–	15,000	–	Drive in Rack
쿠션케이스	KU01	송원상사	SWCO	100	EA	3,000	무검사	Drive in Rack
스폰지	SP01	송원상사	SWCO	500	EA	100	무검사	Roll Rack
쿠션	KU02	송원상사	SWCO	1,000	EA	200	직경	Roll Rack
인라벨	LB01	신성제지	SSPR	5,000	EA	1	무검사	Two Bin rack
밑라벨	LB02	신성제지	SSPR	5,000	EA	1	무검사	Two Bin rack
케이스박스	BK01	소리포장	SRPG	50	EA	150	육안	Drive in Rack
케이스내부박스	BK02	소리포장	SRPG	50	EA	20	육안	Drive in Rack
케이스박스라벨	LB03	신성제지	SSPR	5,000	EA	1	육안	Two Bin rack

렉 등록은 MES 프로그램의 기준정보에서 이루어진다. 기준정보의 렉 등록 버튼을 클릭하고 행추가를 하면 다음 화면이 나타난다.

현재 창고에 설치된 렉들을 등록한다. 렉 등록을 위해서는 각 렉에 대해서 렉 코드와 렉 명이 정해져 있어야 한다. 렉 코드, 렉 명, 등록일자를 차례로 입력한 후 저장 버튼을 누른다. 다음은 렉 등록이 완료된 후 조회 버튼을 클릭했을 때에 나타난 화면이다.

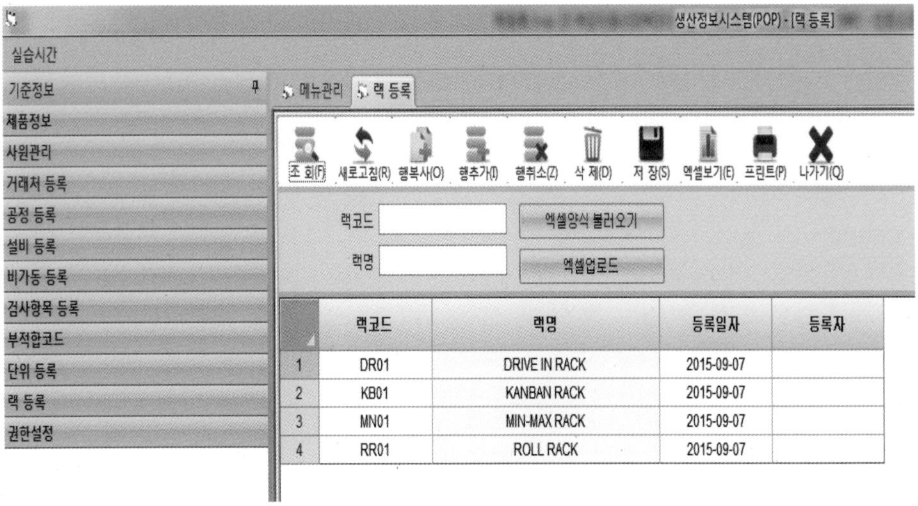

2. 렉 지정

렉 등록을 마친 후 각 자재들이 어떤 렉에 보관되어야 하는지를 MES 프로그램에 자재별 렉 등록 작업을 수행한다. 렉 지정은 품번관리(제조) 메뉴에서 가능하다.

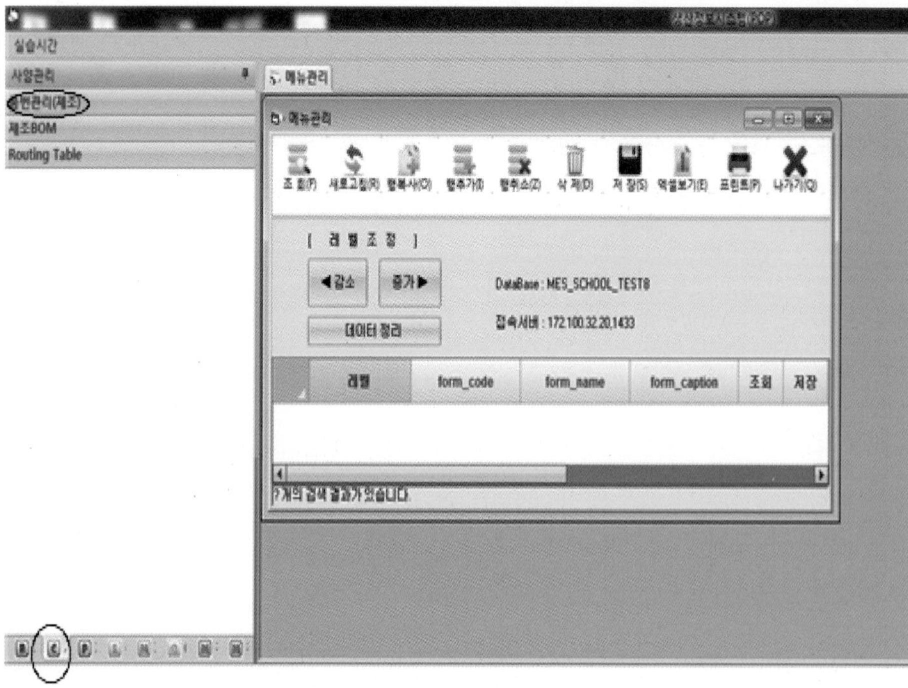

먼저 아래 메뉴에 있는 ⓒ(사양관리) 버튼을 클릭하면 품번관리(제조) 메뉴를 선택할 수 있는 화면이 나타나는데, 품번관리(제조) 버튼을 클릭하면 다음과 같은 화면이 나타난다.

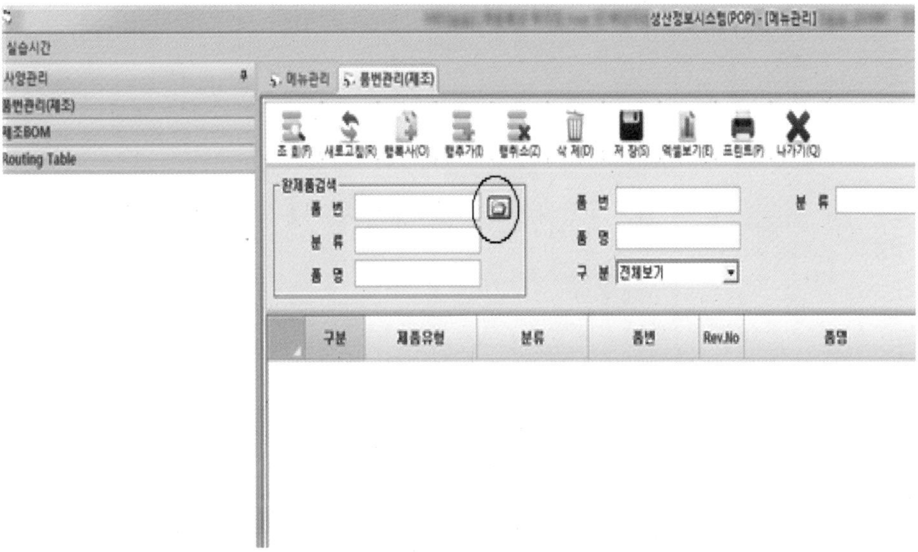

렉 등록을 하려는 자재의 선택을 위해서 해당 자재들의 완제품 검색을 실시하여야 한다. 위 화면에 있는 완제품 검색 버튼을 클릭하면 현재까지 MES에 등록된 완제품들이 나타나는데 이 중에서 해당 자재의 완제품을 선택한다.

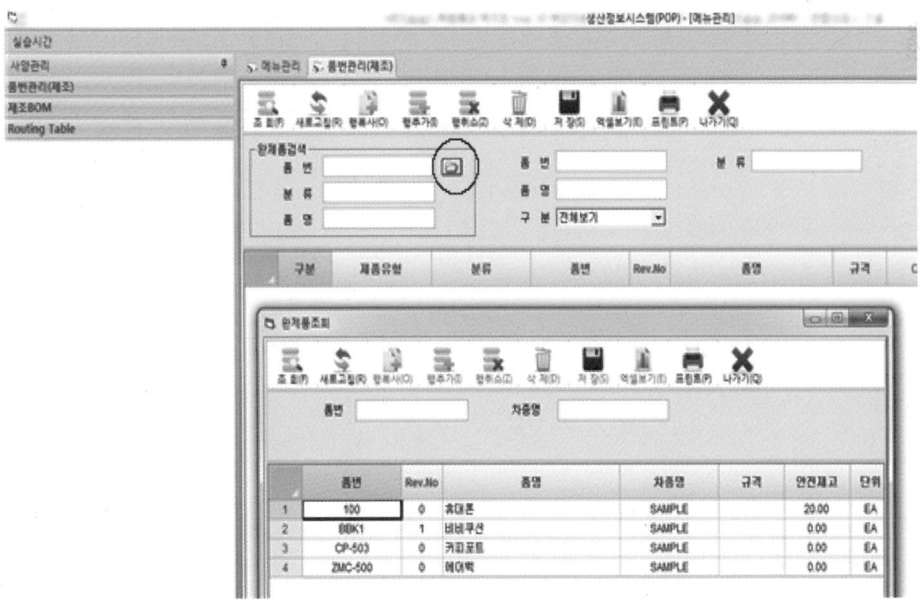

다음은 비비쿠션을 선택하여 더블클릭 했을 때의 화면을 나타낸다.

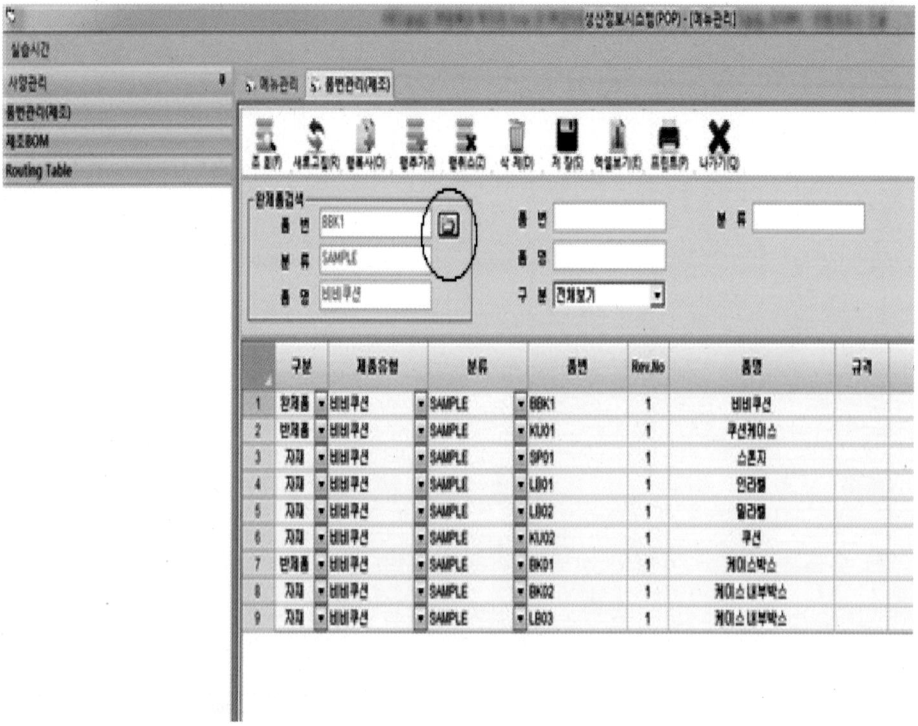

화면 오른쪽에는 렉을 지정해 줄 수 있는 칸들이 있는데, 각 자재나 완제품 등에 대해서 앞서 등록한 렉을 지정한다. 다음 화면은 렉 지정을 하는 과정을 보여준다. 완제품 비비쿠션과 반제품 쿠션케이스는 창고 내에 있는 DRINE IN RACK에 보관되어야 한다는 것에 대한 예를 다음 화면에 나타낸다. 한편 자재 스폰지는 ROLL RACK에 보관되어야 하는데, 렉 지정을 위해 렉 항목 오른쪽에 있는 선택 아이콘을 누른 상태의 화면을 보여주고 있다. 모든 완제품 및 자재들에 대해서 렉 지정이 완료되었으면 저장 버튼을 눌러서 입력 내용을 저장한다.

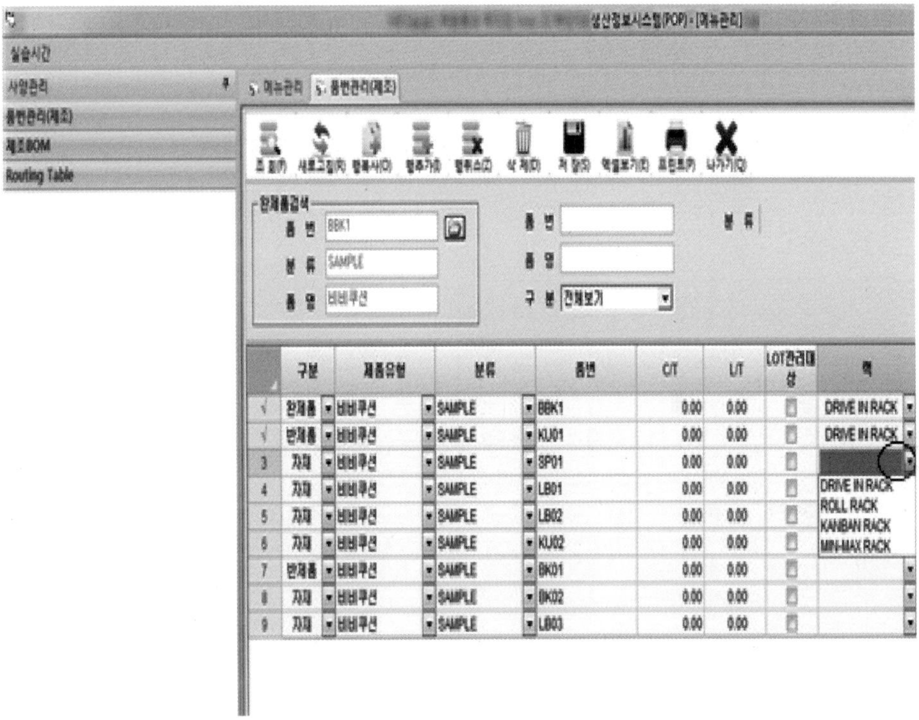

MES 실습 3. 수입검사기준서 등록

제품 생산에 사용되는 자재를 구매하여 들여올 때 입고 전 수입검사를 실시한다. 수업검사를 실시하기 위해서는 먼저 수입검사 항목과 합격, 불합격의 기준이 정해지고 MES 프로그램에 등록되어야 하는데 이를 수입검사기준서 등록이라고 한다. 비비쿠션을 구성하는 자재들의 검사 구분 및 수입검사기준서 등록 과정을 설명한다. 수입검사기준서 등록을 위해서는 먼저 자재별 수입검사 여부가 품번관리(제조) 메뉴에서 체크되어 있어야 한다. 만일 검사 여부가 체크되어 있지 않다면 품번관리(제조) 메뉴로 가서 검사 여부를 체크하고 자료를 저장한다. 비비쿠션을 구성하는 자재 정보 및 수입검사 기준은 다음과 같다.

부품명	부품 코드명	거래처	거래처 코드	수입 검사항목	기준값	허용차 (mm)	검사장비
쿠션케이스	KU01	송원상사	SWCO	무	–	–	–
스폰지	SP01	송원상사	SWCO	직경	50	2	버니어캘리퍼스
쿠션	KU02	송원상사	SWCO	무	–	–	–
인라벨	LB01	신성제지	SSPR	무	–	–	–
밑라벨	LB02	신성제지	SSPR	무	얼룩 유무		육안검사
케이스박스	BK01	소리포장	SRPG	무	–	–	–
케이스내부박스	BK02	소리포장	SRPG	높이	20	1	마이크로미터
케이스박스라벨	LB03	신성제지	SSPR	무	–	–	–

1. 검사항목구분 등록

위의 표에 나타난 자재별 수입검사에 대한 정보를 참고하여 검사항목구분 등록을 설명한다. MES 프로그램의 기준정보에서 검사항목구분 등록을 클릭하면 다음과 같은 화면이 나타난다.

행추가를 실시하여 검사항목유형코드와 검사항목 유형명을 입력하고 저장한다. 참고로 다음과 같은 검사항목에 대해서 등록을 실시한 결과는 다음 화면과 같다.

검사항목코드	검사구분	항목명칭
EC10	육안검사	얼룩 유무
MR01	계측	직경
MH01	계측	높이

2. 검사항목코드 등록

검사항목구분 등록을 마친 후 검사항목코드 등록을 실시한다. 검사항목코드 등록 메뉴를 클릭한 후 행추가 버튼을 클릭하면 다음 화면이 나타난다.

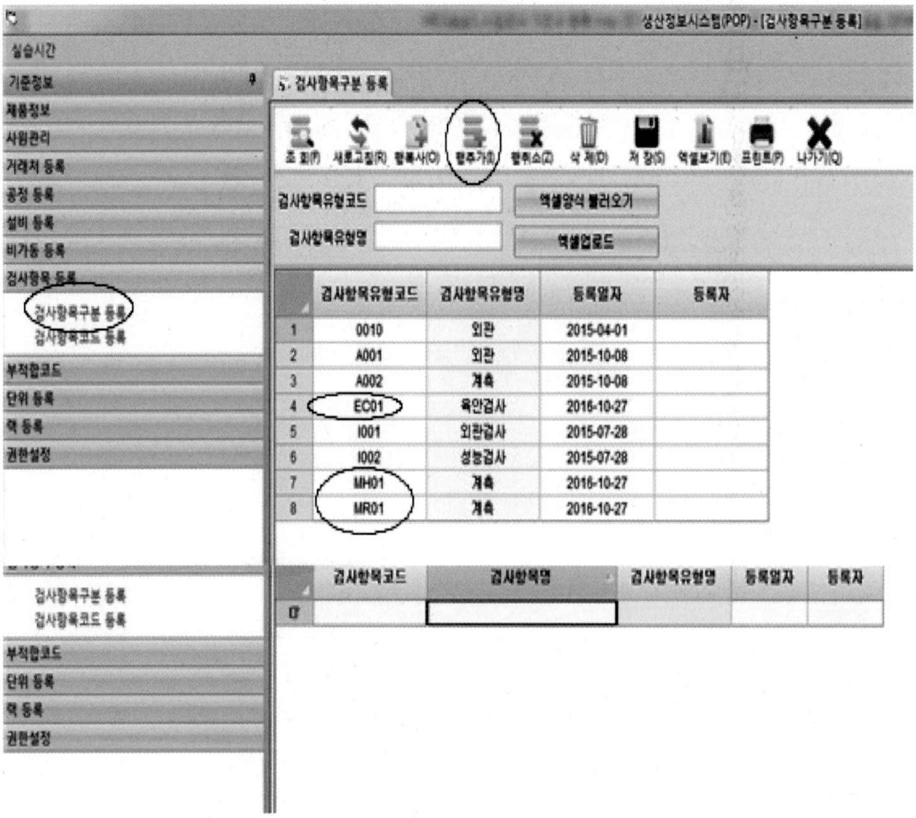

검사항목코드는 검사항목구분 등록에 입력한 것과 동일하게 입력하고, 검사항목 유형명을 더블클릭한 후 검사항목구분 등록에 입력한 항목 중에서 선택한다. 이와 같은 절차에 따라 검사항목코드 등록을 마친 것에 대하여 다음 화면에 나타낸다.

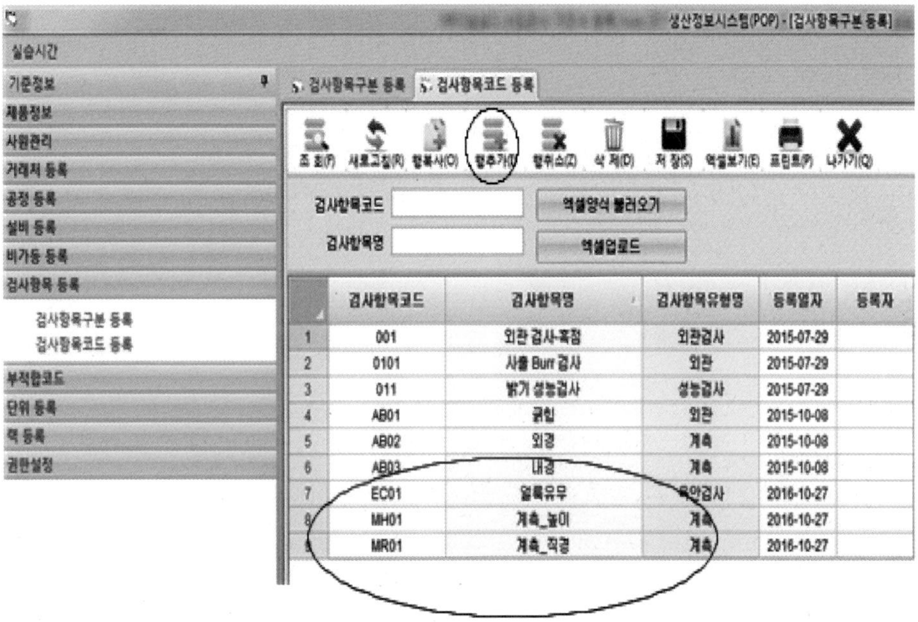

3. 수입검사기준서 등록

자재가 입고되면 지정된 렉으로 이동하기 전에 수입검사를 실시하게 된다. 모든 자재들에 대해서 수입검사가 진행되는 것은 아니므로 수입검사를 반드시 해야 하는 자재들에 대해서는 품번관리(제조)에서 수입검사 항목에 체크를 해야 한다.

수입검사기준서 등록은 아래 메뉴의 Q에 해당하는 QMS(Quality Management System)에서 진행한다. QMS를 클릭한 후 수입검사기준서 메뉴에서 수입검사기준서 등록을 선택하면 다음과 같은 화면이 나타난다.

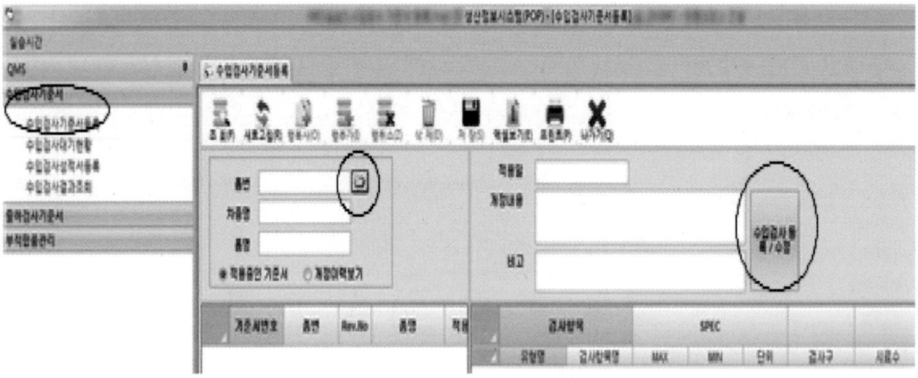

여기서 신규로 수입검사기준서를 등록하고자 한다면 먼저 수입검사등록/수정 버튼을 클릭한 한다. 다음은 수입검사등록/수정 버튼을 클릭한 후의 화면을 나타낸다.

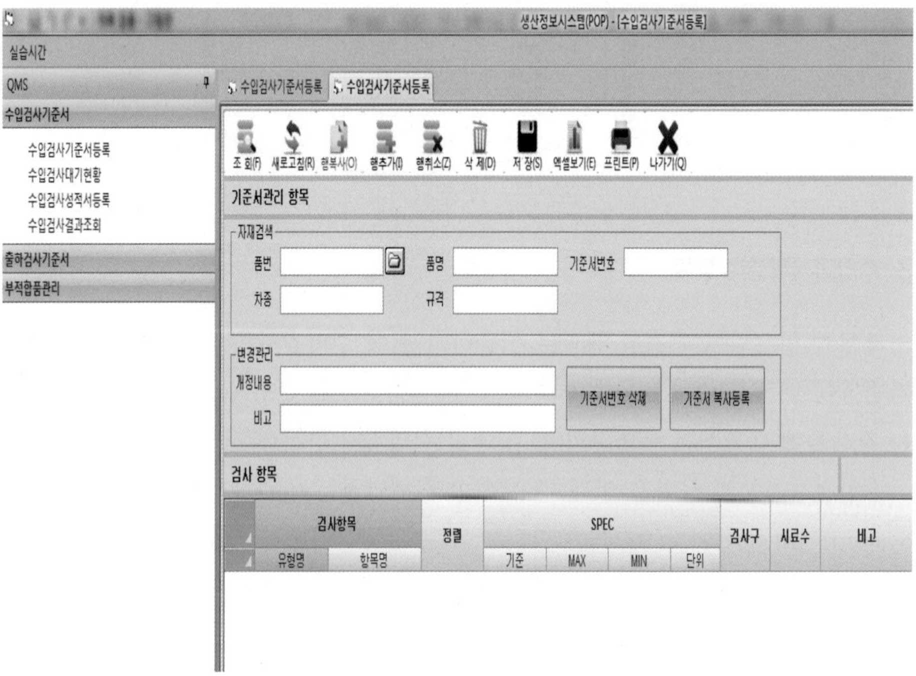

위 화면에서 품번 항목 옆에 있는 버튼을 클릭하면 수입검사를 하는 자재들이 다음과 같이 나타난다.

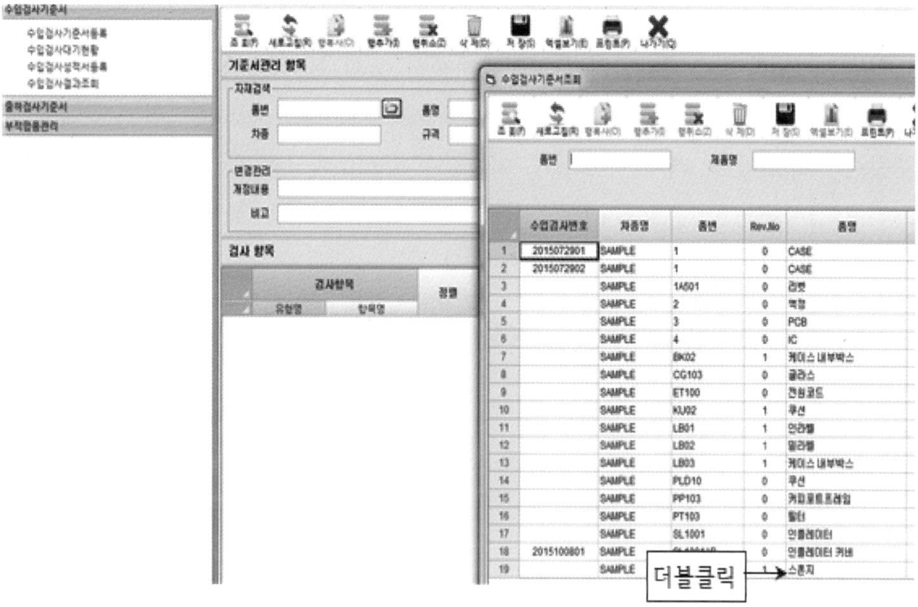

위 자재들 중에서 수입검사기준을 등록할 자재를 더블클릭하여 선택하고(예를 들면, 스폰지를 선택함), 행추가 버튼을 클릭하면 다음과 같은 화면이 나타난다.

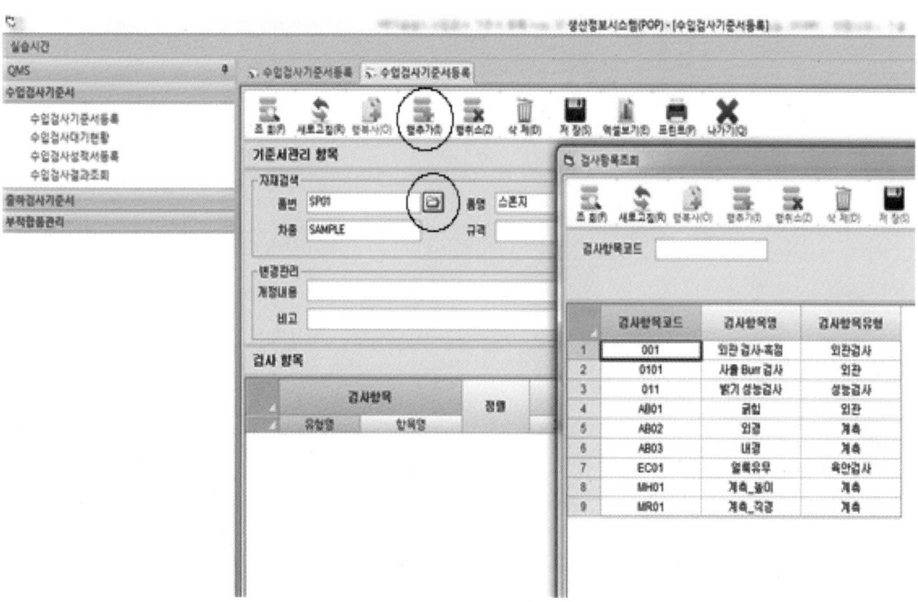

스폰지의 수입검사기준은 계측_직경으로 지정되어 있으므로 이 항목을 더블클릭하면 다음 화면이 나타난다(수입검사기준서 조회 화면은 닫으면 됨). 정렬은 일련번호를 나타내는 것으로써 1부터 순차적으로 기록하면 된다. 그리고 직경의 기준값은 50mm이며, 최대는 52mm, 최소값은 48mm이므로 차례로 기록하면 된다. 그리고 검사구는 버니어캘리퍼스, 시료 수는 5로 입력한 예를 다음 그림에 나타내었다. 지금까지 기록한 내용을 저장한다.

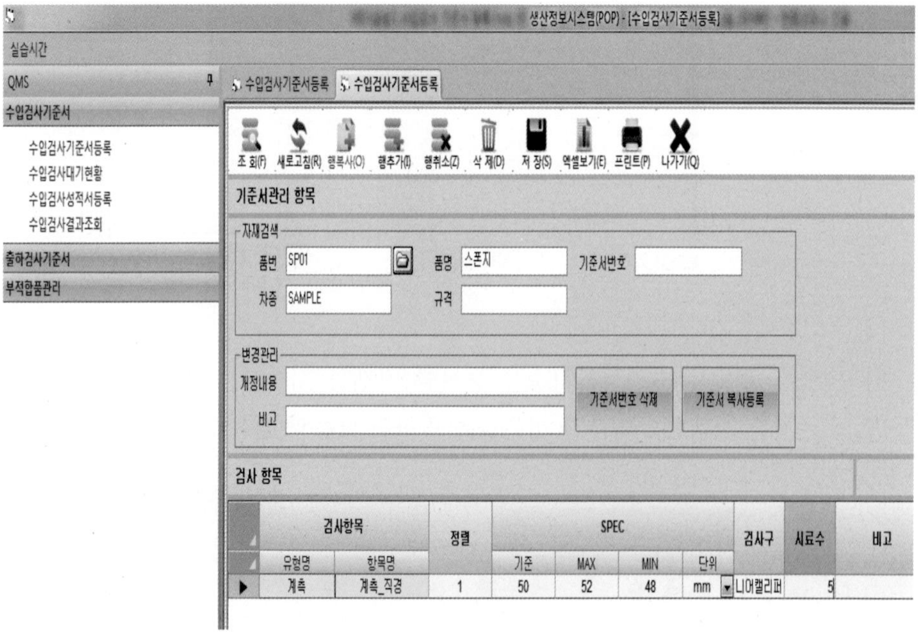

이와 같이 모든 수입검사 자재들에 대해서 기준서를 작성하고 저장한다.

MES 실습 4. 영업관리의 MES 적용

본사는 11월과 12월에 비비쿠션 10,000개씩을 매월 아몰드 화장품회사에 납품하도록 주문 받았다. 현재 제품 재고가 전혀 없으므로 전량 생산하여야 한다. 비비쿠션 생산에 필요한 자재들도 전량 구매해야 할 때, 이를 MES에 등록을 진행해 보자.

1. 판매계획을 MES에 등록하기

2016년 11월과 12월 두 달에 걸쳐서 매월 비비쿠션 10,000개씩 아몰드 화장품회사에 판매할 예정이므로 먼저 이러한 정보를 회사의 MES 프로그램에 등록해야 한다. 판매계획이 등록되면 이를 참고하여 생산계획과 구매계획을 수립할 수 있기 때문이다. 판매계획을 MES에 등록하는 작업은 MES 초기 화면의 아래 부분에 있는 제품관리(P)에서 진행한다. 제품관리(P) 메뉴를 클릭하면 다음과 같은 화면이 나타난다.

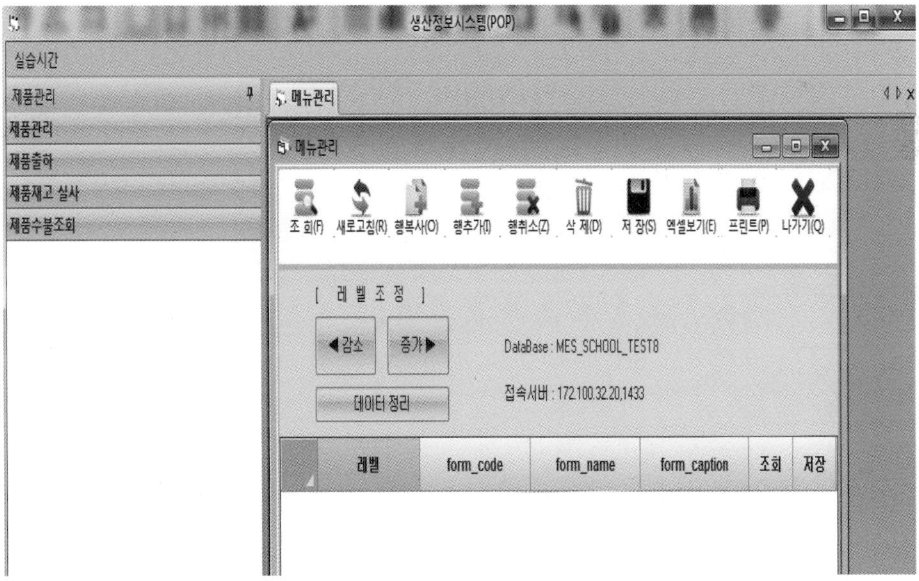

매월 판매계획은 년간판매계획에서 등록이 진행되므로 제품관리에 포함되어 있는 년간판매계획을 통해서 MES에 등록을 진행할 수 있다. 따라서 제품관리의 년판매계획 등록을 클릭한 후 조회년도를 설정하면 다음 화면이 나타난다.

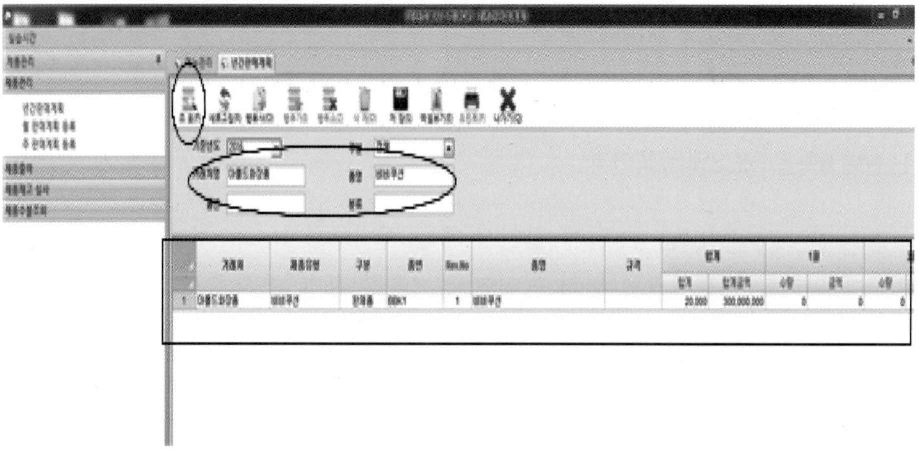

위 화면에서 거래처명(아몰드화장품)과 품명(비비쿠션)을 입력한 후 조회 버튼을 클릭하면 년간판매계획을 입력할 수 있는 화면이 나타난다. 11월과 12월에 비비쿠션 10,000개를 입력한 후 반드시 저장한다. 다음은 년간판매계획을 입력한 후 조회하였을 때 나타나는 화면이다.

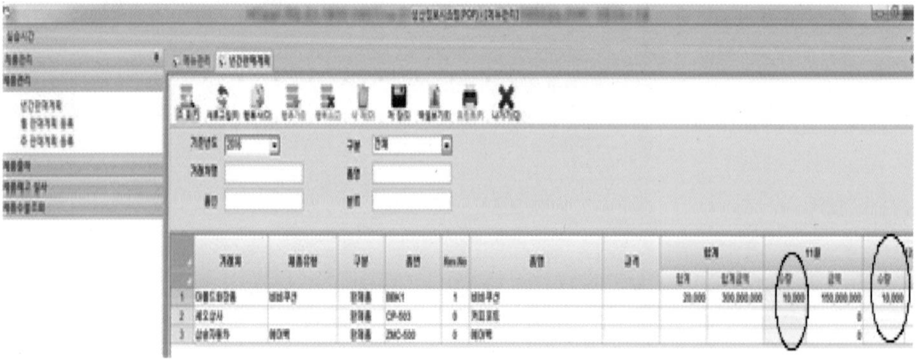

년간판매계획의 등록에 앞서서 반드시 제품유형 등록, 거래처 등록 및 판매단가 등록이 먼저 이루어져야 하며, 판매단가 등록을 하는 경우 적용 시점과 적용완료 시점을 충분히 길게 잡아 주어야 한다. 예를 들면, 적용 시점이 년간판매계획을 입력하는 기간보다 더 늦게 설정되어 있으면 거래처명과 품명을 입력한 후 조회 버튼을 눌러도 입력 칸이 보이지 않는다. 또한 년간판매계획을 등록하는 기간이 적용완료 시점보다 더 늦은 기간이라도 입력칸이 보이지 않는다.

MES 실습 5. 구매관리의 MES 적용

판매계획과 생산계획이 MES에 등록되어서 생산이 이루어지려면 자재들의 구매가 이루어져야 한다. 자재들의 구매관리 등록은 초기화면의 아래 메뉴에서 자재관리(M)을 선택하여 진행한다. 년 구매관리 메뉴를 클릭하면 다음과 같은 화면이 나타난다.

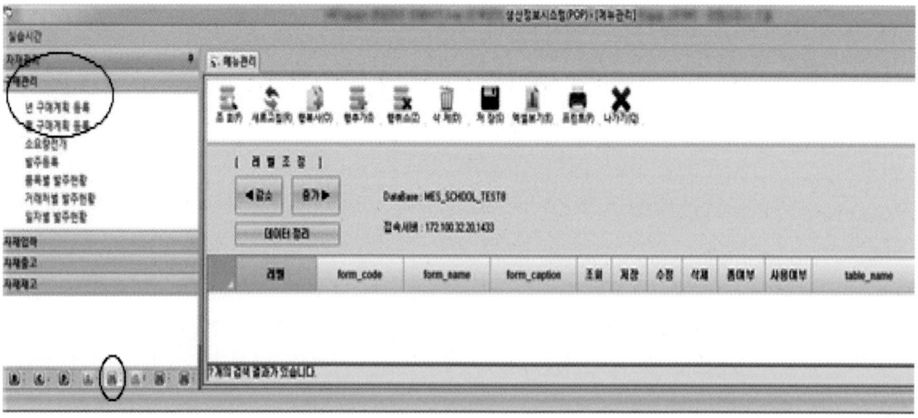

위 화면에서 조회 버튼을 클릭하면 거래처와 해당 자재명 등이 나타난다. 구매계획이 정해진 것에 따라서 월별 자재별 구매계획을 입력하고 저장하면 된다. 다음은 각 자재별 구매계획을 아래 표와 같이 임의로 정해서 입력한 예를 보여준다.

거래처	품번코드	자재명	11월	12월	합계
소리포장	BK01	케이스박스	8,000		80,000
소리포장	BK02	케이스내부박스	5,000	10,000	15,000
신성제지	LB01	인라벨	100,000		100,000
신성제지	LB02	밑라벨	100,000		100,000
신성제지	LB03	케이스내부박스라벨	50,000		50,000
송원상사	KU01	쿠션케이스	30,000		30,000
송원상사	SP01	스폰지	10,000		10,000
송원상사	KU02	쿠션	10,000		10,000

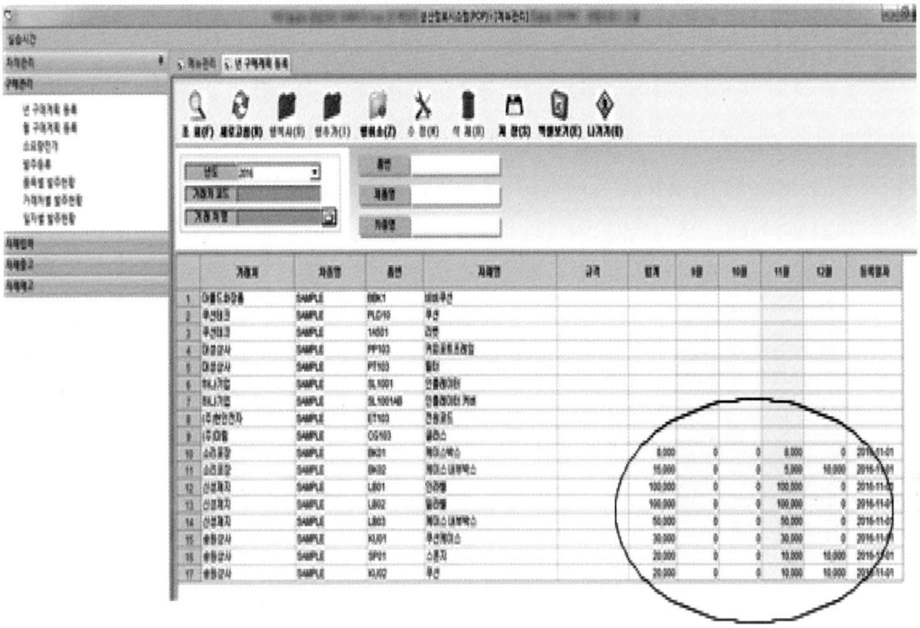

MES 실습 6. 생산계획의 MES 적용

영업관리의 판매계획에 맞추어서 2016년 11월과 12월에 완제품인 비비쿠션 10,000개를 생산하고 반제품인 쿠션케이스와 케이스박스를 각각 10,000개씩 생산할 계획을 MES에 등록하고자 한다. 생산계획은 MES 초기 화면의 아래 메뉴 바에 있는 생산관리 메뉴를 선택하면 나타난다. 생산관리 메뉴를 선택했을 때의 화면은 다음 그림과 같다.

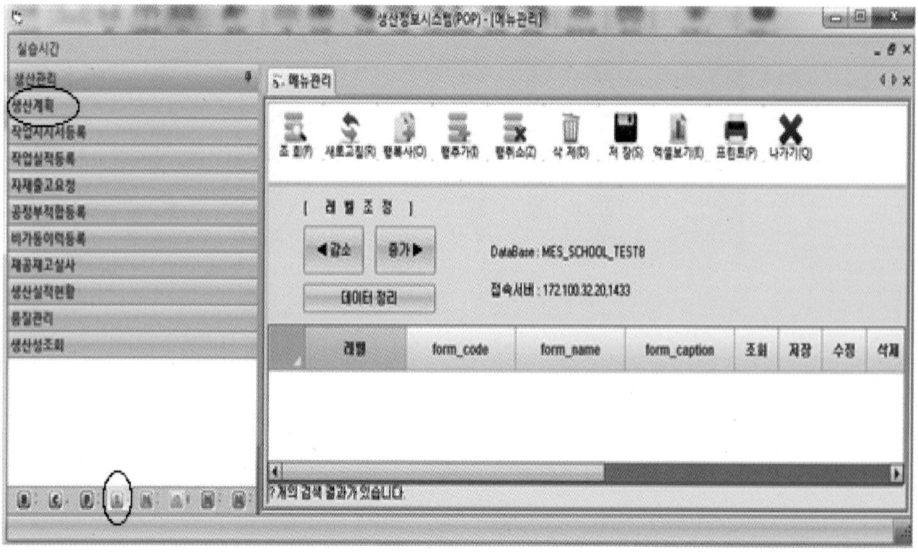

생산계획 메뉴에서 년 생산계획을 클릭하면 다음과 같은 화면이 나타난다. 이 화면에서 11월과 12월에 비비쿠션, 쿠션케이스, 케이스박스 각각을 10,000개씩 입력하고 저장 버튼을 누른다. 이와 같이 생산계획을 입력한 결과는 다음 화면과 같다.

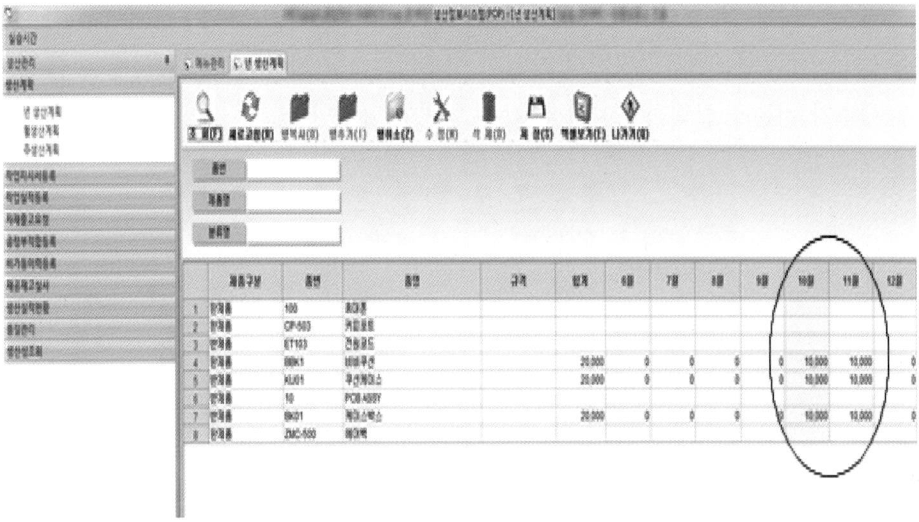

Routing Table의 작성

년 생산계획과는 달리 월 생산계획과 주 생산계획은 생산계획 메뉴에서 입력하지 않는다. 월 생산계획과 주 생산계획을 입력하기에 앞서 사양관리의 Routing Table에서 공정을 지정해 주어야 한다. 즉, 어떤 제품을 어떤 공정에서 어떤 설비를 이용하여 생산되는지를 지정해 주어야 하는데 사양관리의 Routing Table을 클릭하면 다음과 같은 화면이 나타난다.

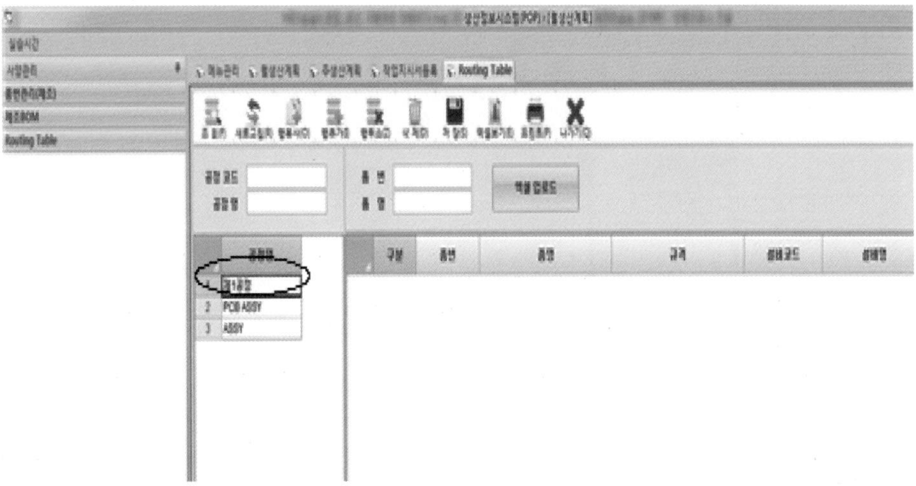

현재 MES에는 3개의 공정(제1공정, PCB ASSY, ASSY)으로 구성되어 있다. 이 중에서 비비쿠션은 제1공정에서 작업이 이루어진다고 가정한다. 제1공정을 클릭한 후 행추가 버튼을 클릭하면 다음과 같은 화면이 나타난다.

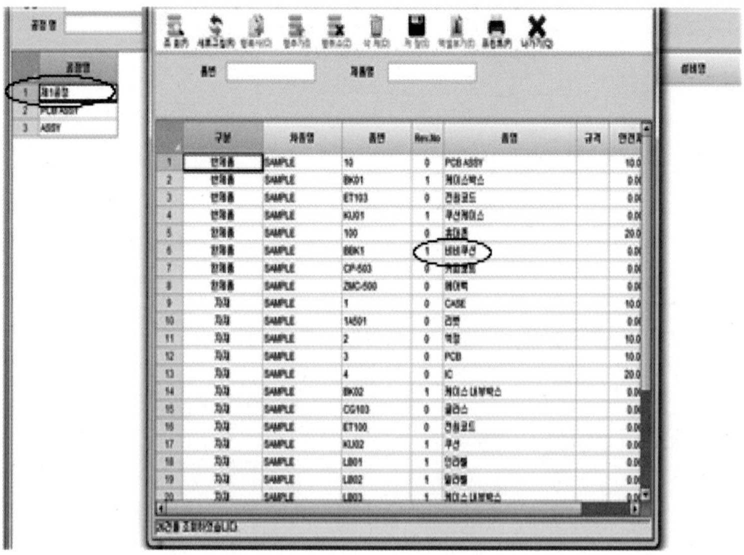

여기서 비비쿠션을 더블클릭하면 다음과 같이 생산지시를 등록할 수 있는 입력란이 나타난다. 설비명에서 제1라인설비를 선택하고 저장한다.

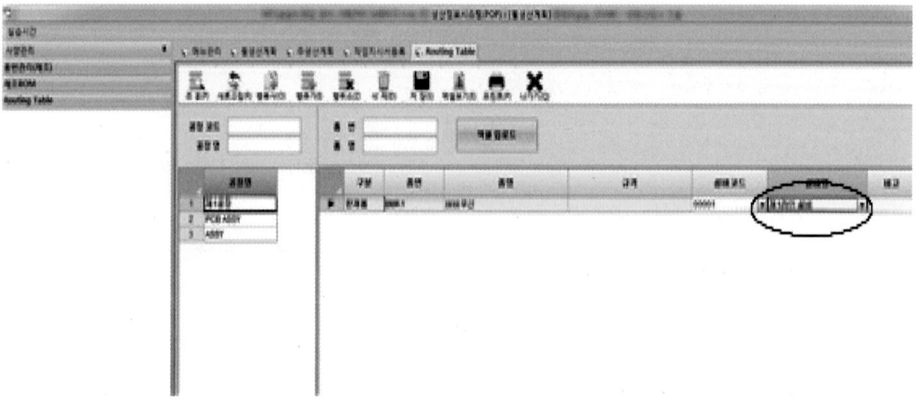

월 생산계획과 주 생산계획의 작성

사양관리의 Routing Table에서 공정명과 설비명이 지정되면 월 생산계획이나 주 생산계획을 선택한 후 조회 버튼을 클릭하면 지정된 공정명과 설비명이 등록된 생산계획입력란을 보여주는 화면이 나타나게 되고, 비로소 월 생산계획과 주 생산계획의 작성이 가능해진다. 다음은 월 생산계획을 선택한 후 조회 버튼을 클릭했을 때의 화면을 보여준다.

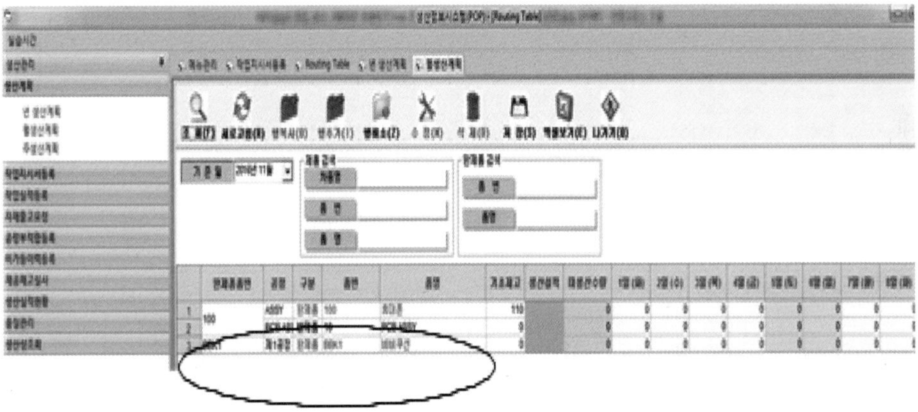

11월 7일에 비비쿠션 100개, 11월 8일에 비비쿠션 200개 생산하는 것을 계획으로 입력하고 저장 버튼을 클릭하면 다음 화면이 나타난다.

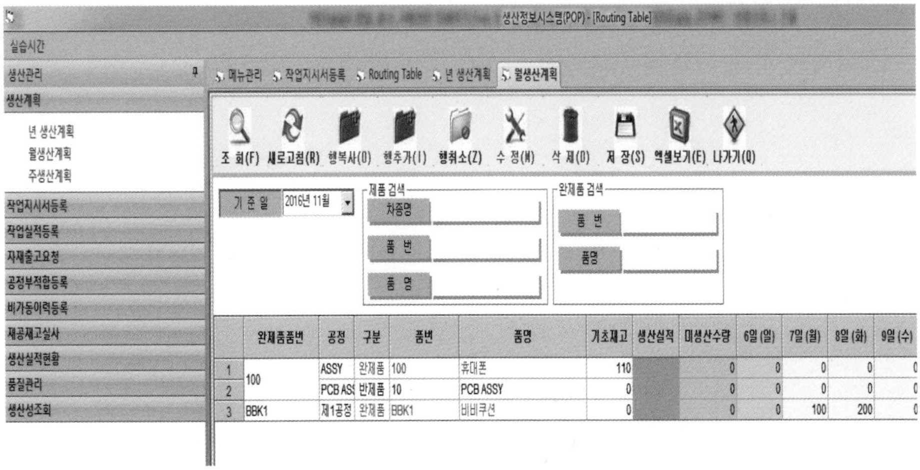

주 생산계획을 클릭하고 11월 7일에 100개, 8일에 200개 생산하는 계획을 입력하면 다음 화면이 나타난다.

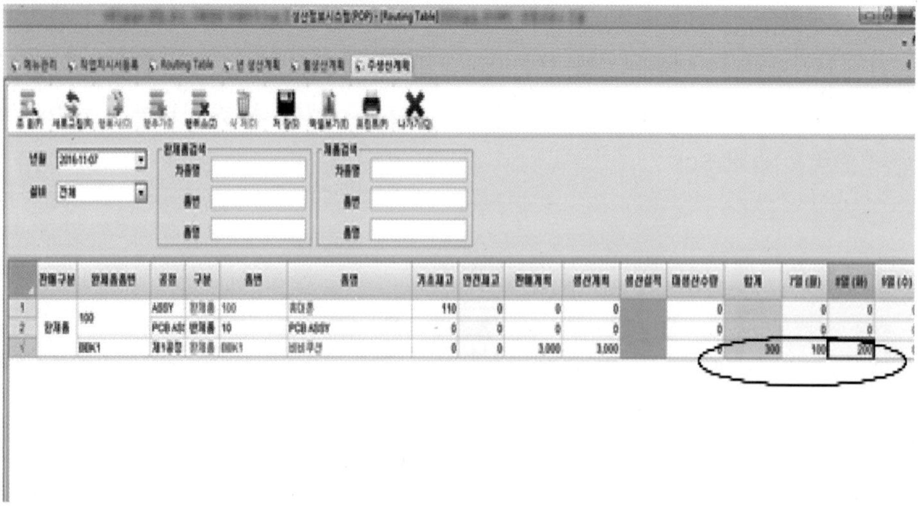

교육용 MES 프로그램에는 년 생산계획, 월 생산계획 및 주 생산계획이 연동되지 않았다. 이는 대부분의 중소기업체에서 실제 업무를 수행할 때 서로 연동하는 것이 현실적으로 어렵다는 것을 고려하여 교육용으로 개발할 때에 연동시켜 놓지 않았기 때문이다. 다만 본 교육용 MES 프로그램을 통해서는 Routing Table에서 작업공정과 공정설비명이 지정된 후 주 생산계획 및 월 생산계획의 입력이 가능하게 되고 작업지시 및 작업실적 등록의 과정을 수행할 수 있음을 숙지할 필요가 있다. 다음은 작업지시 및 작업실적 등록의 과정을 설명한다.

MES 실습 7. 생산관리 이해하기

생산관리의 주요 업무는 판매계획에 맞춰서 생산일정계획을 수립하고 작업지시를 내린 후 작업이 계획에 맞추어 진행될 수 있도록 지원하는 것이다. 본 항에서는 MES에서 작업지시를 등록하는 것과 작업실적을 등록하는 것에 대해서 설명한다.

1. MES에서 작업지시 등록하기

월 생산계획과 주 생산계획이 등록된 후에는 작업지시를 등록할 수 있다. 작업지시 등록이란 생산계획대로 생산을 하라고 지시하는 것을 의미한다. 생산계획수량이 11월 7일에 100개로 정해졌으나 작업지시는 100개보다 적게 혹은 많게 혹은 동일하게 등록될 수 있는데 다음 화면은 작업지시를 등록할 수 있게 작업지시 등록을 선택했을 때의 화면이다.

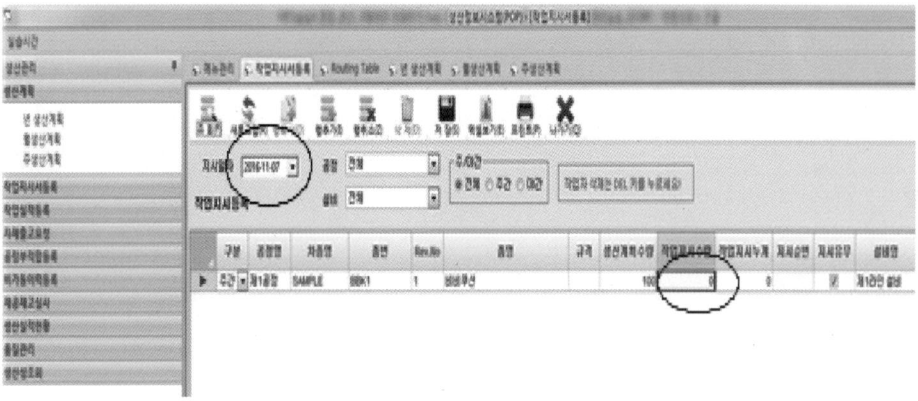

11월 7일에 생산계획 수량은 100개로 기록되어 있는데 작업지시 수량란은 현재 0으로 나타나 있다. 작업지시 수량을 100개로 입력하고 저장하면 다음과 같은 화면이 나타난다.

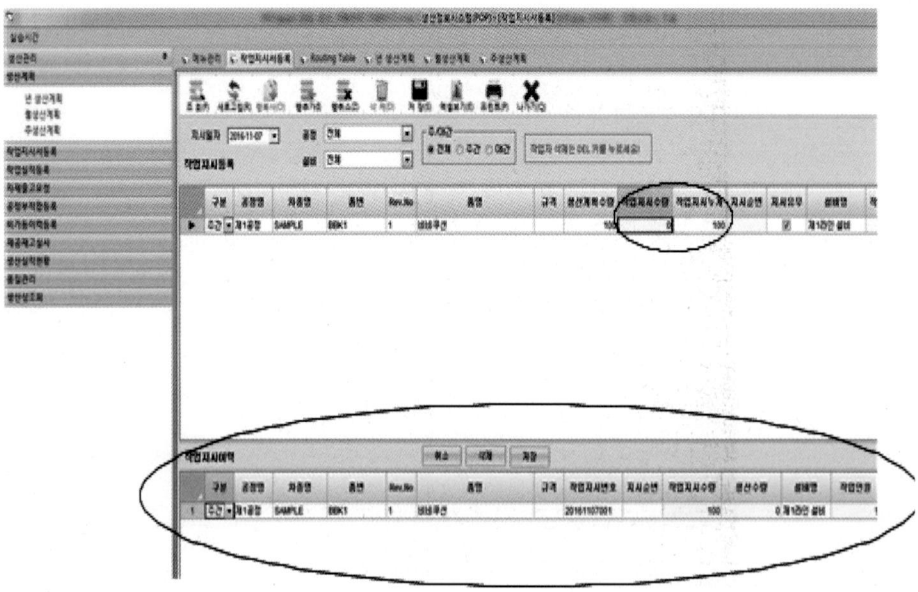

2. MES에서 작업실적 등록하기

작업지시 등록을 한 내용에 대해서 작업을 수행한 후 작업실적 등록을 실시한다. 작업실적 등록의 화면은 다음과 같다. 작업실적 등록에서 비비쿠션을 클릭한다.

작업실적 등록 화면에서 쿠션케이스와 케이스박스 각각의 Lot No.를 더블클릭하면 Lot No.를 볼 수 있고, 각각에 대해서 0을 선택한 후 양품수량(생산이 완료되어 검사를 마친 수량)을 100으로 입력하고 저장하면 다음과 같다.

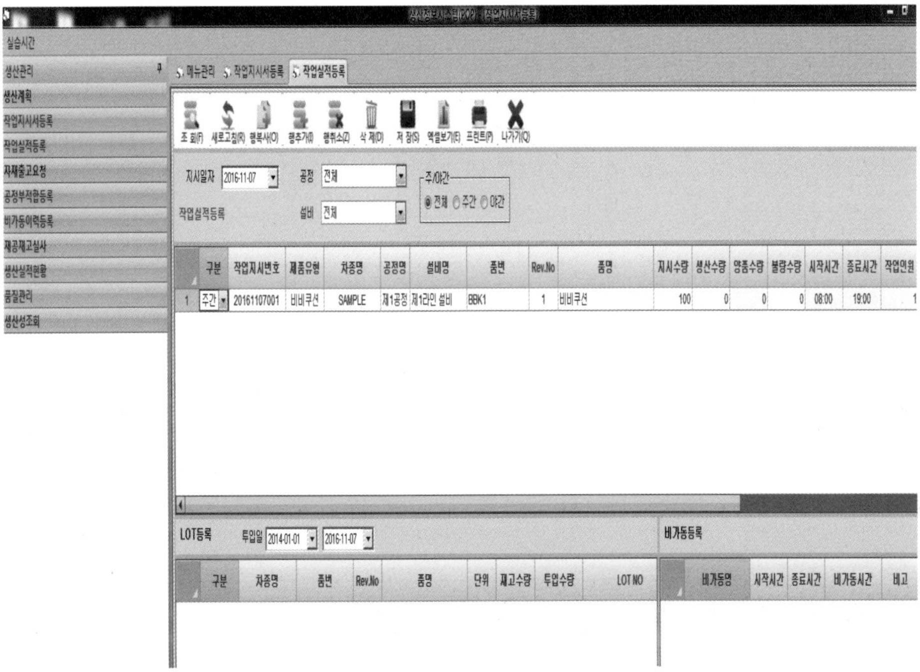

여기서 쿠션케이스와 케이스박스는 재고가 없으므로 생산이 진행될 수 없다. 즉, 작업실적을 등록할 수 없게 되어 있으므로 재고를 실사한 결과, 재고가 현장에 있는 것으로 파악하였다고 가정한다. 하여 쿠션케이스와 케이스박스는 원래 재고수량이 0으로 나와 있었으나 재고실사 등록에서 11월 6일 재고 실사 결과 쿠션케이스는 600개, 케이스박스는 200개 있는 것으로 재고 수정을 하였다. 비비쿠션 100개를 생산하는데 쿠션케이스와 케이스박스가 각각 100개씩 사용되었으므로 각각의 재고수량은 작업실적 등록을 수행한 후 각각 500개, 100개씩 남아 있는 것으로 나타나 있다.

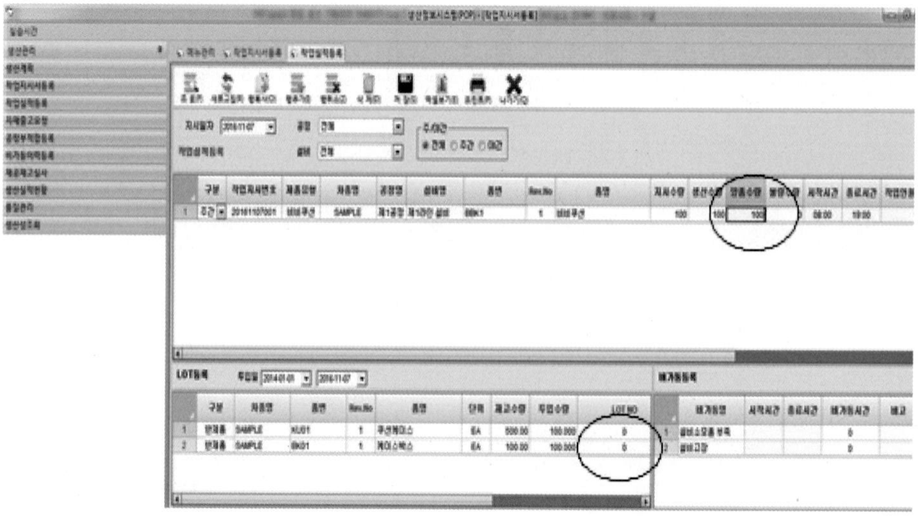

MES 실습 8. 자재관리 이해하기

자재구매계획은 제품 생산에 사용되는 자재들의 소요량을 추정하고, 생산계획에 맞추어서 수립된다. 자재구매요청서를 작성하여 구매부서에 보내고, 구매부서는 자재구매요청서에 의거하여 자재발주 및 입하업무를 진행한다. 즉, 자재구매 업무는 다음 그림과 같이 진행하게 된다.

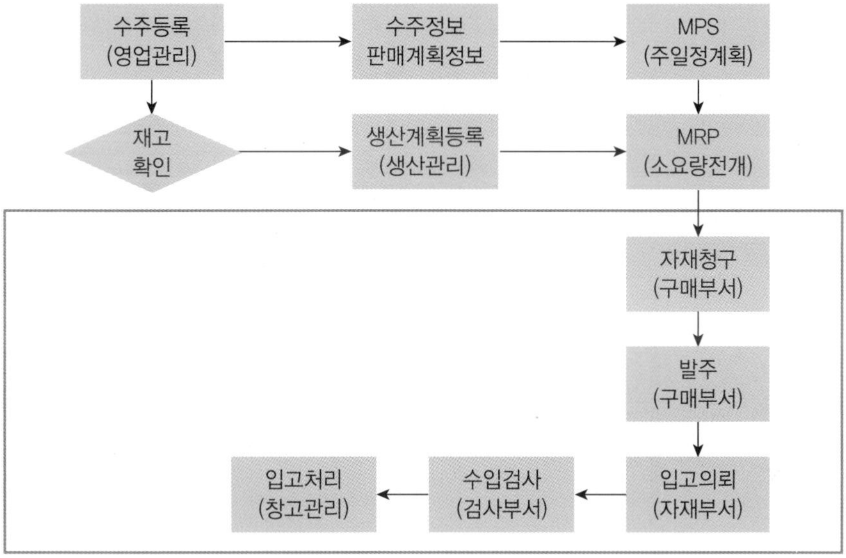

구매계획에서 년 구매계획을 아래와 같이 MES에 등록하였으며, 아래의 계획에 맞추어서 구매 업무를 진행해 보자.

거래처	품번코드	자재명	11월	12월	합계
소리포장	BK01	케이스박스	8,000		8,000
소리포장	BK02	케이스내부박스	5,000	10,000	15,000
신성제지	LB01	인라벨	100,000		100,000
신성제지	LB02	밑라벨	100,000		100,000
신성제지	LB03	케이스내부박스라벨	50,000		50,000
송원상사	KU01	쿠션케이스	30,000		30,000
송원상사	SP01	스폰지	10,000		10,000
송원상사	KU02	쿠션	10,000		10,000

1. 발주 등록

자재구매를 위한 발주등록을 MES에서 진행한다. 발주 등록은 자재관리의 구매관리 메뉴에 있으며, 구매관리의 메뉴의 발주 등록을 선택하면 다음 화면이 나타난다.

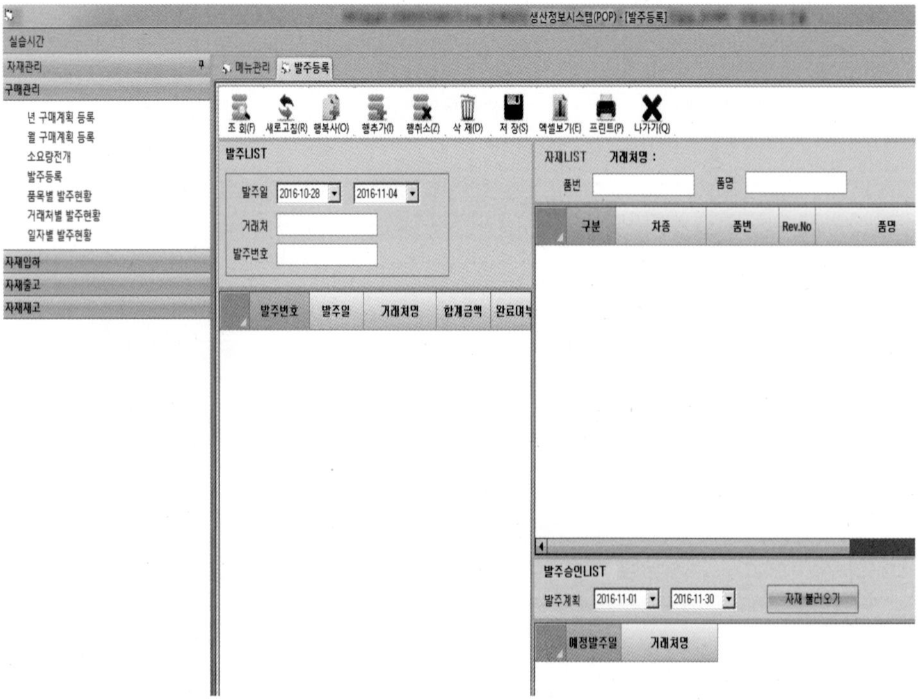

위 화면에 행추가를 누르면 다음 화면과 같이 거래처를 선택할 수 있도록 화면이 나타난다

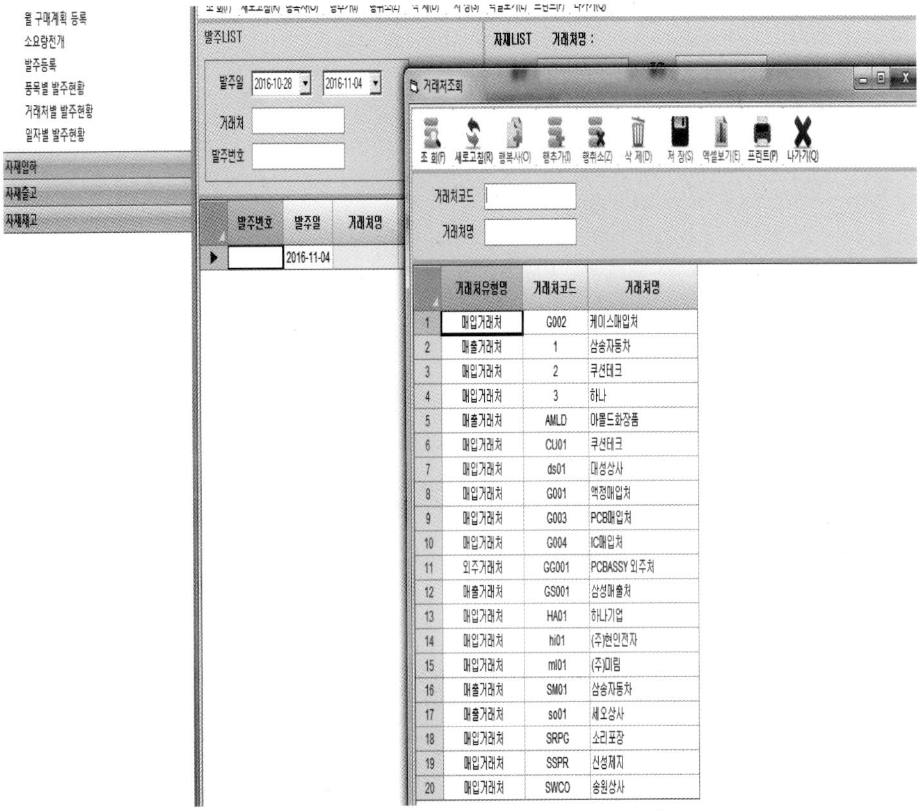

자재구매는 거래처별로 진행되는데 11월에 발주할 내용을 MES에 등록하려면 먼저 거래처를 선택한다. 다음 그림은 송원상사를 더블클릭하여 선택하여 나타난 화면이다.

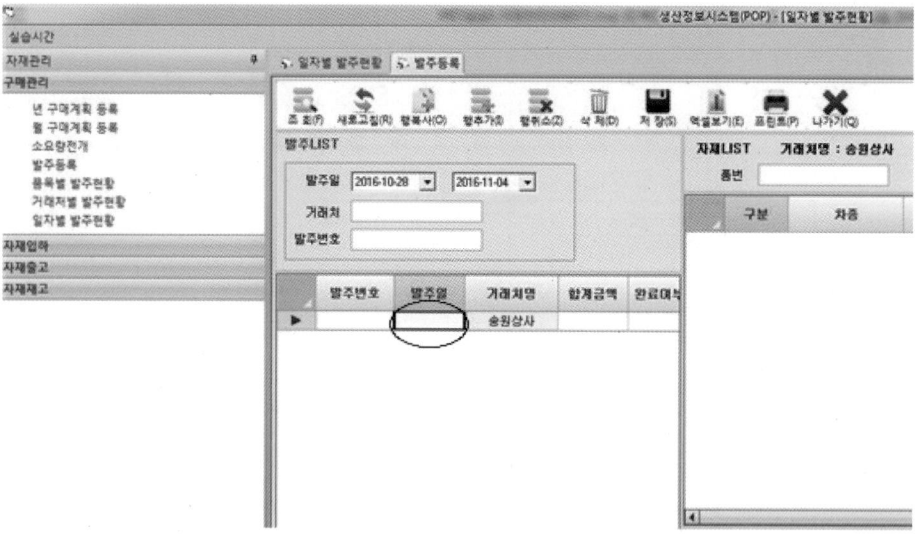

발주일을 20161104로 입력하고, 오른쪽 화면 위쪽에 있는 자재 LIST를 클릭하여 붉은 글씨로 변화시킨 후, 행추가 버튼을 클릭하면 다음 화면이 나타난다.

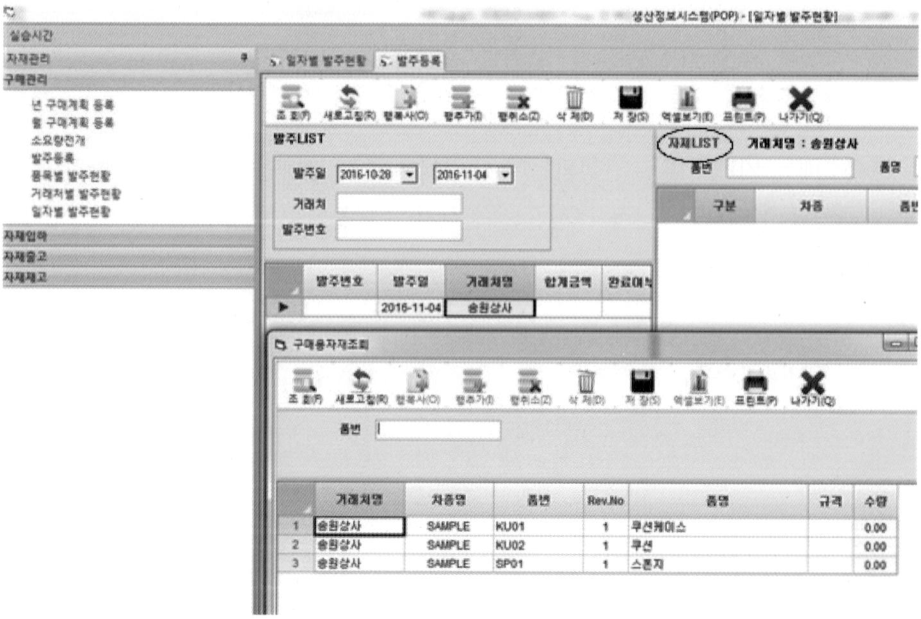

각 자재들을 더블클릭하면 발주수량을 입력할 수 있는 줄이 오른쪽 화면에 다음과 같이 나타난다.

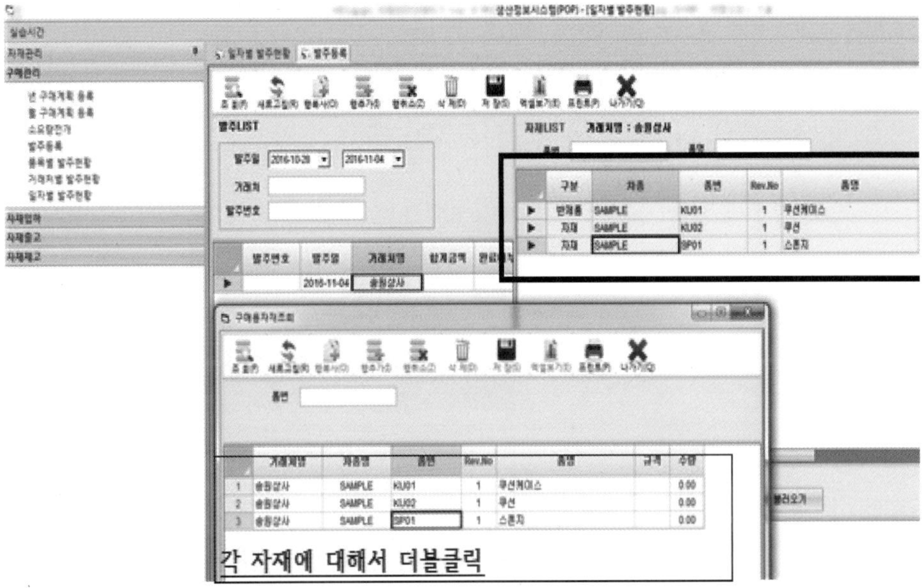

발주수량과 납기일을 입력한 후 저장 버튼을 누른다. 모든 자재들에 대해서 발주 등록을 완료한 후 조회 버튼을 클릭하면 다음 화면이 나타나게 되고 각 거래처를 클릭하면 거래처별 발주 등록 현황이 나타난다.

소리포장 발주 등록의 예

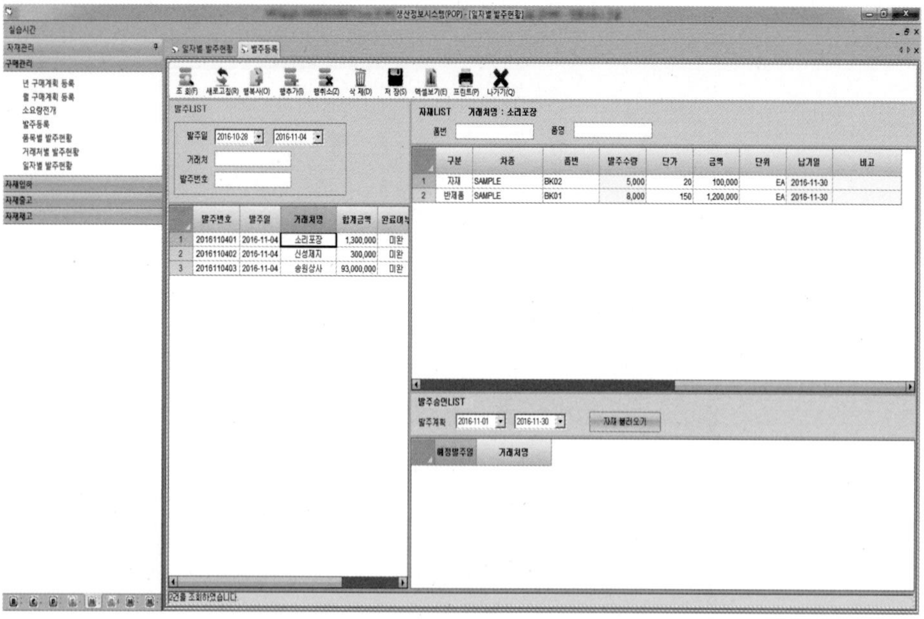

신성제지 발주 등록의 예

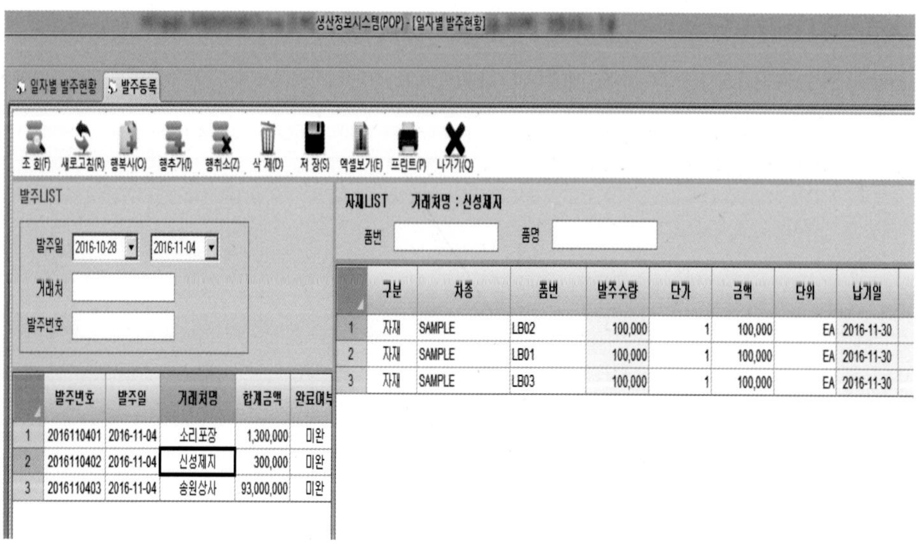

송원상사 발주 등록의 예

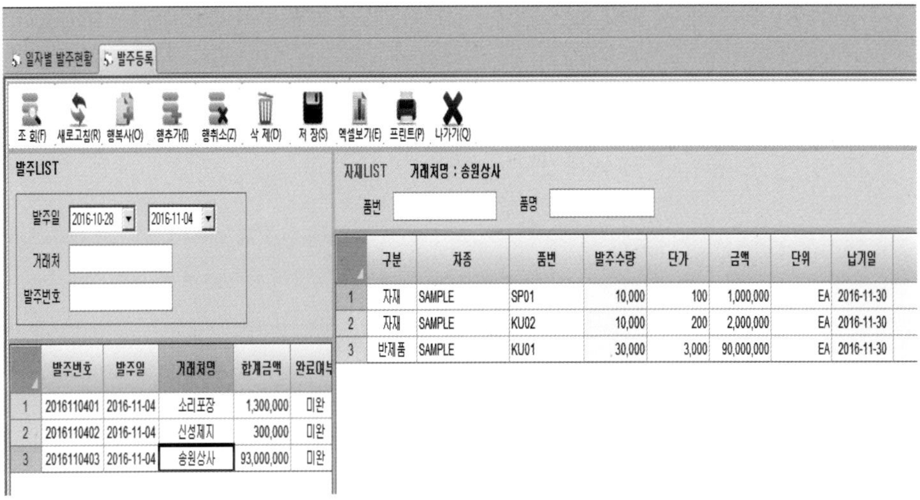

다음은 품목별 발주 현황을 조회하였을 때에 나타나는 화면이다.

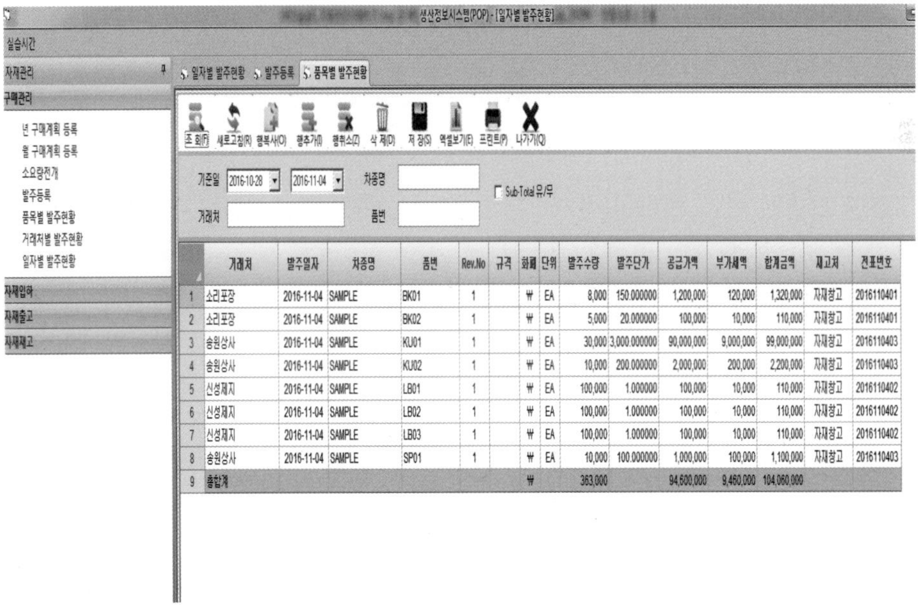

2. 자재입하 등록

자재입하는 발주한 자재가 회사로 들어오게 되면 수행하는 작업이다. 자재를 입하시킬 때 적용하게 되는 자재입하 등록은 자재관리에서 진행한다. 발주 등록에 나타난 발주목록을 업로드하여 발주단위로 입하 등록이 가능하다. 먼저 자재 입하 메뉴를 클릭하면 다음과 같이 나타난다.

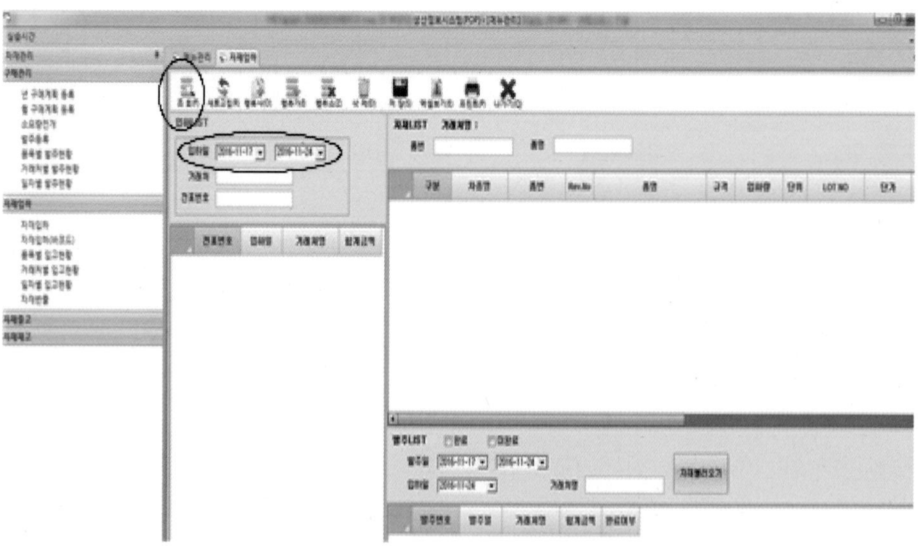

화면 상단에 있는 입하일(여기서는 201611.01~201611.24로 지정함)을 지정한 후 조회 버튼을 누르게 되면 다음 화면과 같이 자재발주 등록이 진행된 전표번호, 입하일, 거래처명 등이 나타난다.

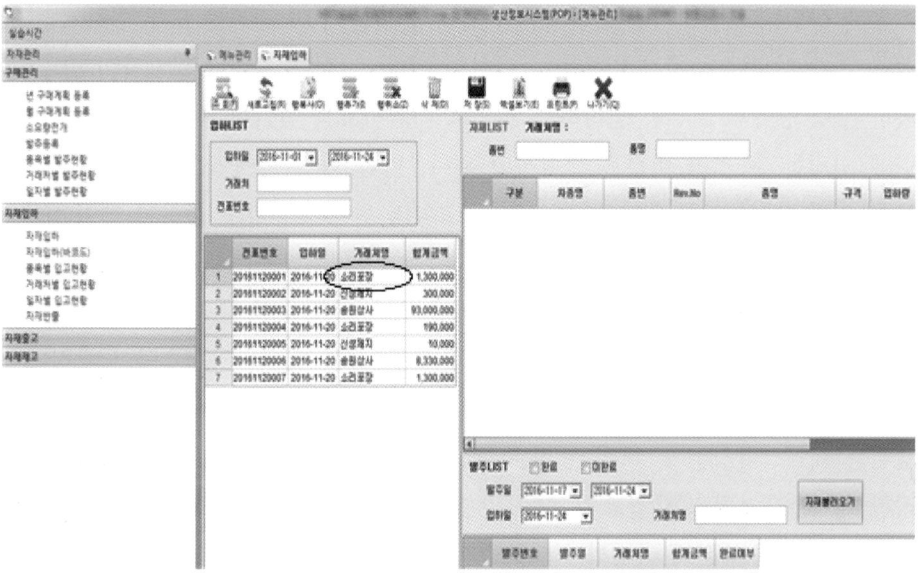

그리고 위 화면에서 거래처 한곳을 선택하면 해당 거래처에 발주한 자재목록이 우측 화면에 나타나게 된다. 다음 화면은 소리포장을 선택하고 발주일을 2016.11.01.~2016.11.24.로 지정했을 때에 나타난 화면이다.

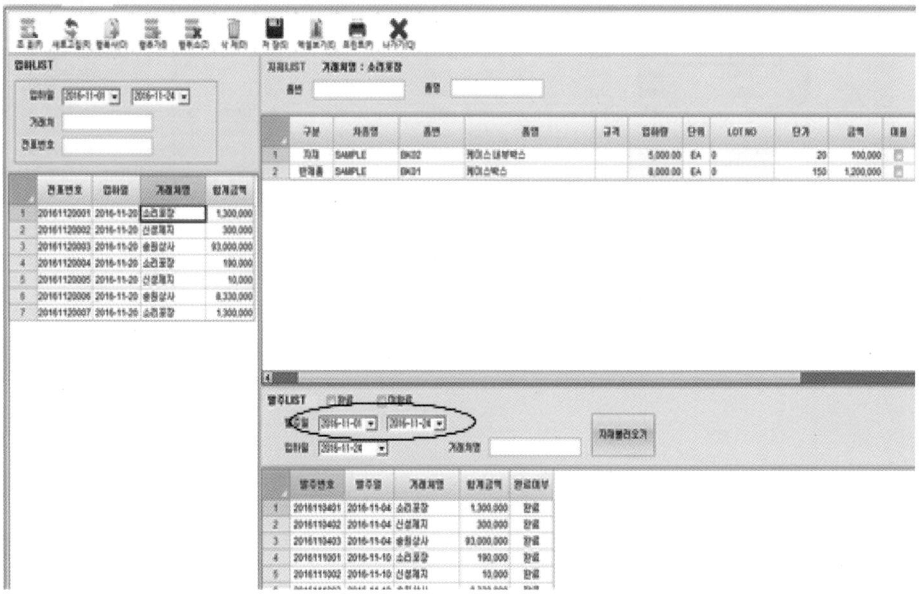

우측 상단에 있는 자재 및 반제품을 발주 등록한 수량 전부를 모두 입하처리 하려면 현재 화면에서 저장 버튼을 클릭하면 된다. 그러나 자재나 반제품이 발주 등록한 수량 중에서 일부만 입하하는 것으로 처리하고자 한다면 해당 수량을 입하량란에 입력한 후 저장 버튼을 클릭하면 된다. 다음 화면은 케이스내부박스는 발주 등록한 것 5,000개 중에서 2,000개만 입고처리 한 것과, 발주 등록한 케이스박스 8,000개 모두를 입고처리한 예를 보여준다. 케이스내부박스 2,000개와 케이스박스 8,000개를 입력한 후 저장한 다음에 품목별 발주 현황을 소리포장에 대해서 조회하였을 때 다음과 같은 화면이 나타난다. 케이스내부박스는 입고수량이 아직 0이고, 케이스박스는 입고수량이 8,000개로 잡혀 있다. 이는 검사현황이 무검사에 해당하는 케이스박스는 8,000개가 바로 입고로 잡히게 되지만 검사를 수행하도록 지정한 케이스내부박스는 입고 내역에 구매입고로 기록되어 있지만 검사현황란이 대기로 되어 있기 때문에 아직까지 입고수량이 0으로 나타나 있는 것이다.

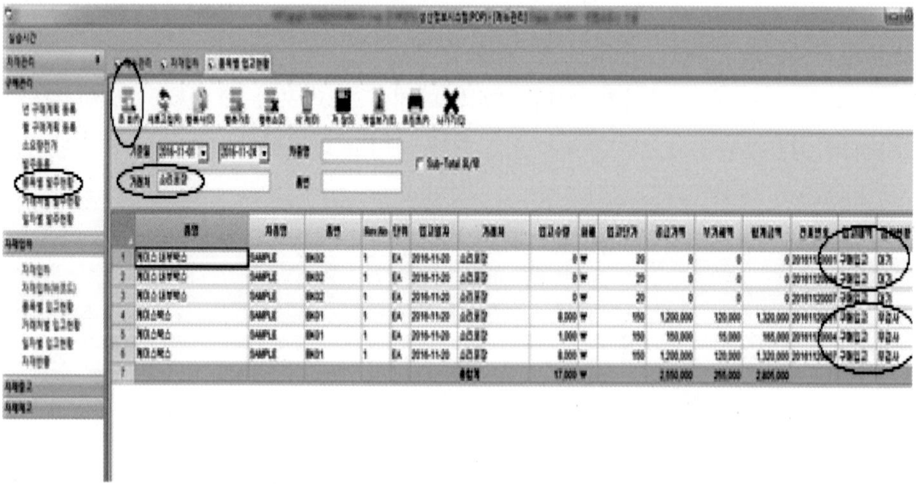

한편 우측 하단 화면에 있는 거래처명을 입력한 후 조회 버튼을 클릭하면 해당 거래처에 발주한 목록이 나타난다. 예를 들면, 다음 화면은 송원상사를 입력한 후 조회 버튼을 클릭했을 때의 화면이다.

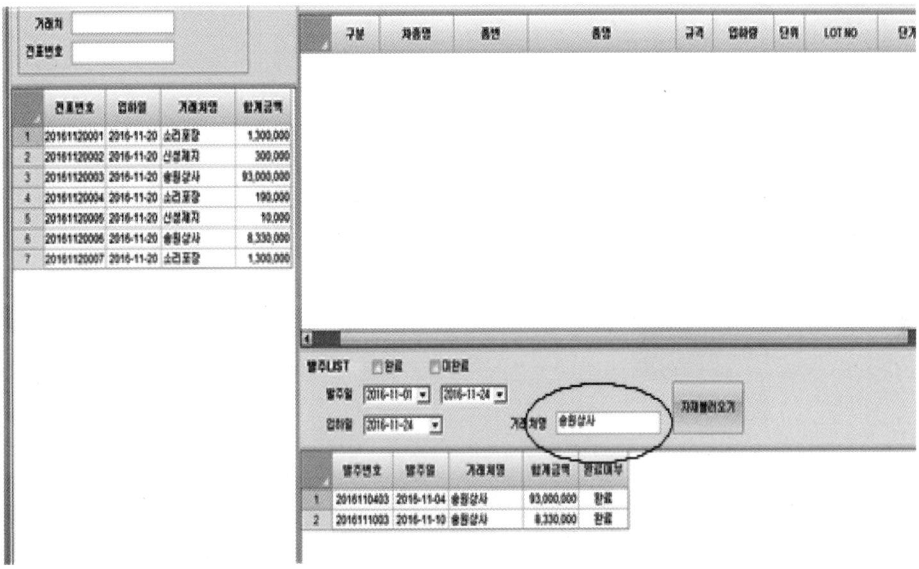

한편 거래처에서 자재를 들여올 때 바코드를 발행하여 자재와 함께 첨부시켜 입하되는 경우가 있다. 이런 경우에는 자재입하(바코드) 메뉴를 클릭한 후 해당 거래처를 탐색하여 선택한 후 바코드 리더기를 통해 입하처리 하면 된다. 다음 화면은 자재입하(바코드)로 입하처리 하는 화면을 보여준다.

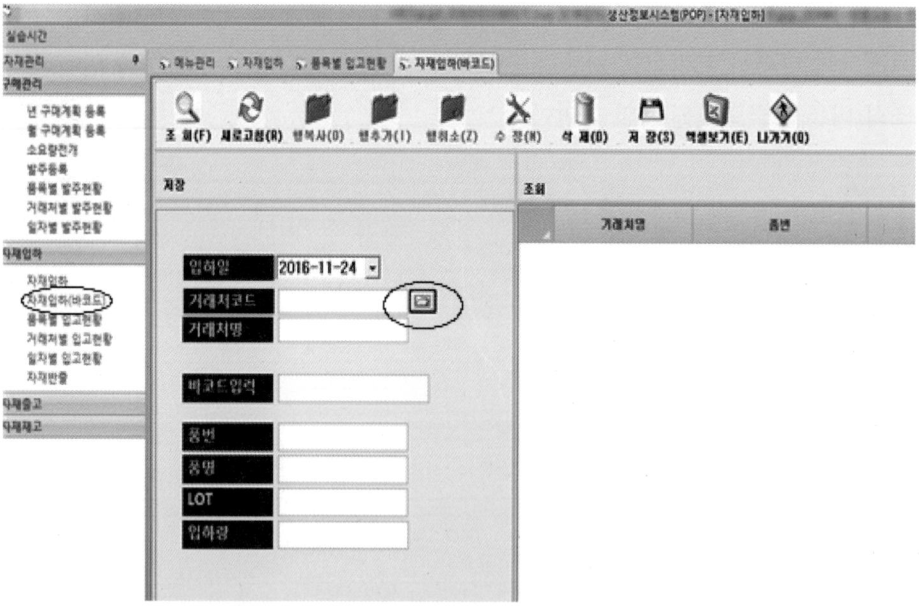

예를 들면, 다음은 소리포장에서 케이스내부박스와 케이스박스를 입하하였을 때 바코드가 첨부되어 있는 경우, 거래처 탐색 버튼을 클릭한 후 소리포장을 선택하였을 때의 화면을 보여준다.

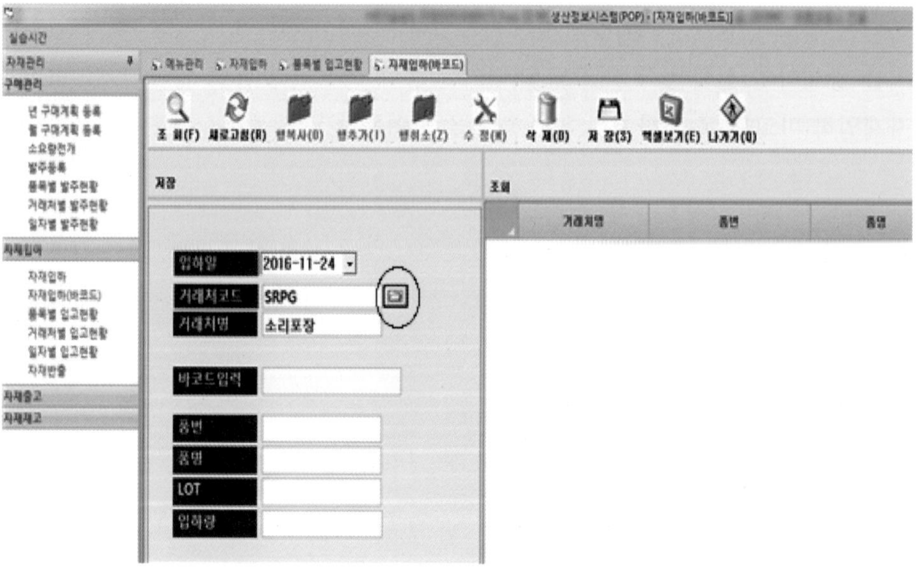

3. 자재수입검사

자재가 입하되면 창고로 입고하기 전에 먼저 수입검사를 실시한다. 수입검사는 수입검사를 필요로 하는 자재들에 대해서 진행하게 되며, 수입검사를 필요로 하는 경우에는 해당 자재를 품번관리(제조)에서 먼저 체크해 두어야 한다. 그리고 수입검사를 하게 되는 자재는 검사 항목과 검사기준을 수입검사기준등록 메뉴에서 기록해 주어야 한다.

수입검사를 진행한 후 합격된 자재는 품번관리(제조)에서 정해 놓은 렉으로 이동하여 저장되며, 불합격된 자재는 불합격품 관리 장소로 이동하여 정해진 절차에 따라 처리하게 된다. 다음은 품번관리(제조) 화면에서 수입검사를 요하는 자재의 수입검사 항목 체크 현황을 보여준다.

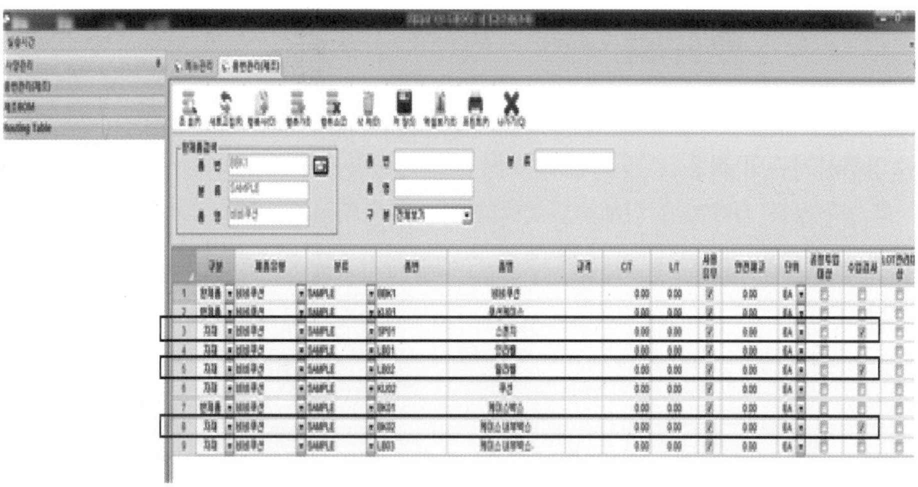

수입검사 전 구매단가이력의 확인

구매단가이력이 정상적으로 기록되어 있지 않은 품목은 수입검사를 진행할 수 없다. 구매단가가 입력되어 있어야 할 뿐만 아니라 현재 수입검사를 하게 되는 날짜가 기록된 구매단가의 적용 시점부터 적용완료 기간 사이에 있어야 수입검사를 진행할 수 있게 된다. 다음 화면은 소리포장에서 구매하게 되는 케이스박스와 케이스내부박스의 구매단가이력 예를 보여준다.

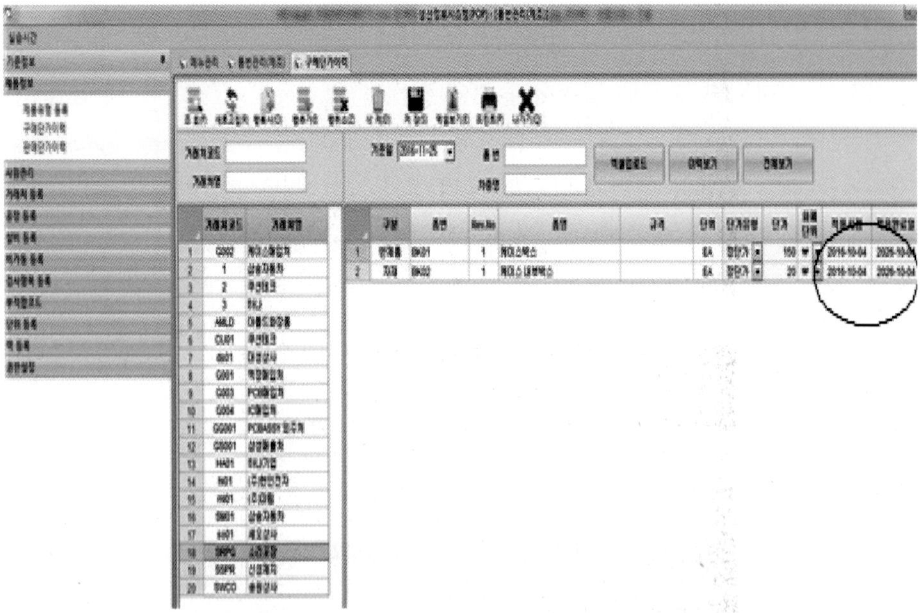

수입검사기준의 적용

수입검사를 수행하기 위해서는 수입검사기준서 등록을 마친 자재들에 대해서 검사기준 적용을 실행해야 한다. 다음은 수입검사기준을 적용하기 전의 화면을 나타낸다.

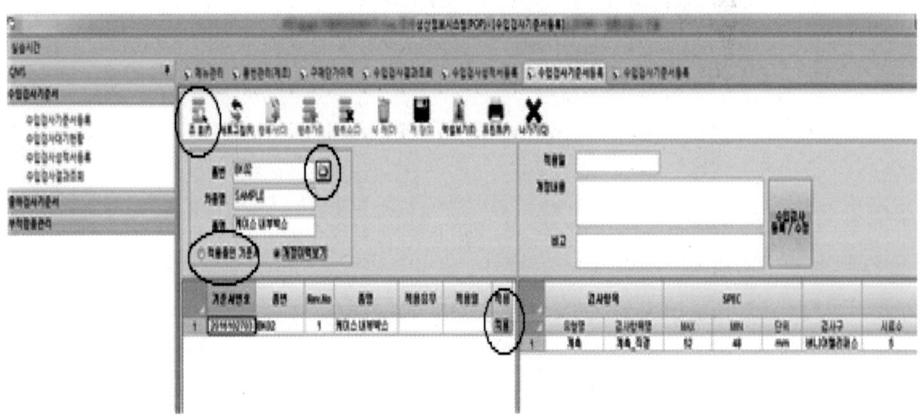

위 화면에서 수입검사기준을 적용할 자재를 검색(품번란에서)한 후 조회 버튼을 클릭하면 해당 자재의 수입검사기준이 나타난다. 그 후 적용 버튼을 클릭하면 저장이 완료되었다는 메시지가 나타난다. 적용 중인 기준서 버튼을 클릭한 후 해당 자재를 검색하게 되면 다음과 같이 적용 중…이라는 문구와 적용일이 보이게 된다. 다음은 케이스내부박스의 적용 버튼을 누른 후 화면을 나타낸다.

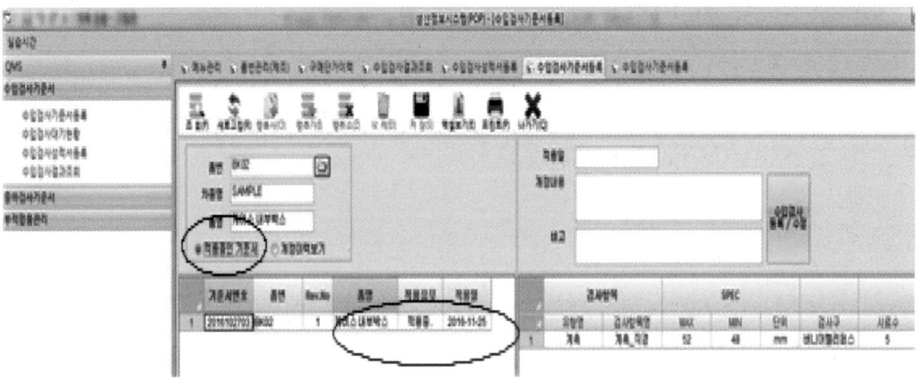

수입검사 등록

수입검사를 실시하기 위해서 수입검사 대기 중인 자재 목록을 확인한다. 수입검사기준서 메뉴에서 수입검사대기항목을 클릭하면 다음과 같은 화면이 나타난다.

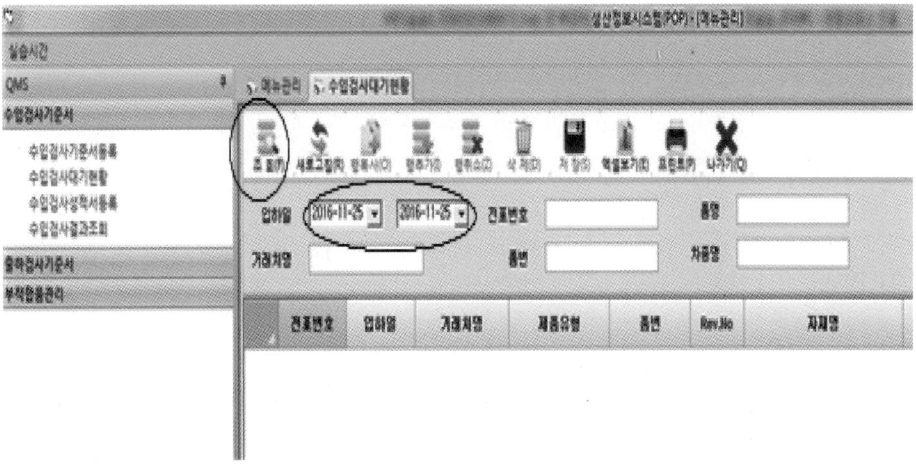

입하일을 맞춘 후 조회 버튼을 클릭하면 다음 화면과 같이 입하된 자재들이 입고 전 수입검사를 위해 대기하고 있는 목록들이 나타난다.

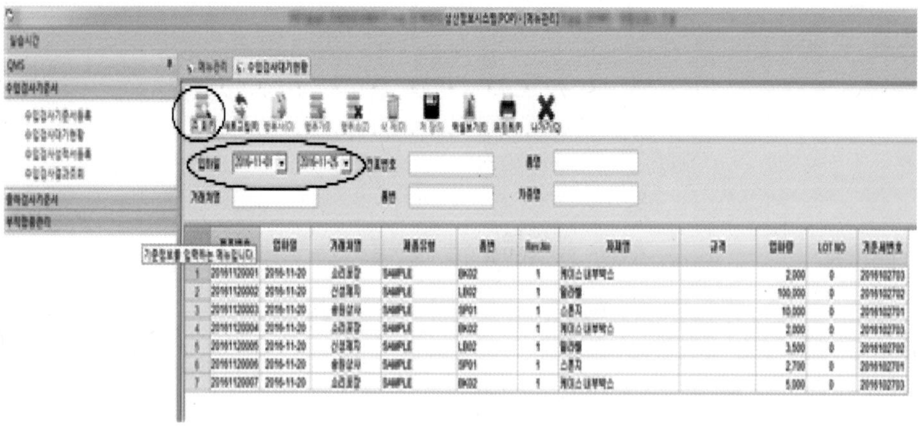

임의의 한 항목을 선택하여 더블클릭하면 다음과 같은 화면이 나오게 되는데, 여기서 입하일을 지정한 후 전표번호를 탐색하면 해당 자재의 수입검사한 내용을 기록할 수 있는 입력줄이 나타난다.

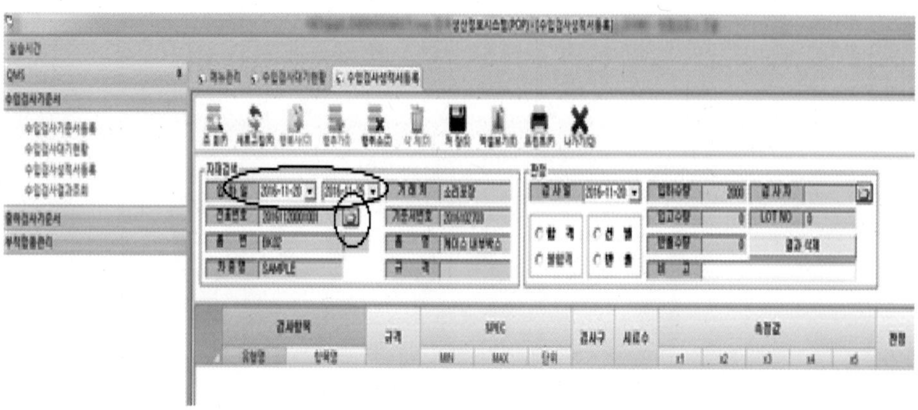

다음은 소리포장의 케이스내부박스를 선택하였을 때에 나타난 화면이다. 입하일을 2016년 11월 1일부터 2016년 11월 25일까지로 지정하였고, 전표번호는 케이스내부박스로 선택하여 더블클릭하였다.

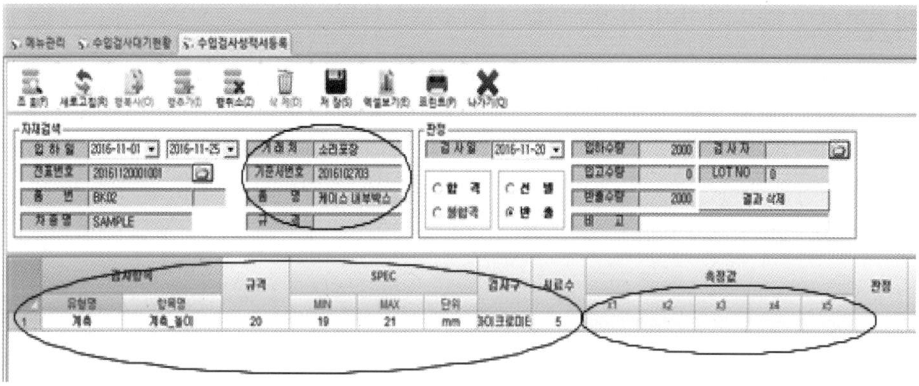

위 화면에서 보면 케이스내부박스의 검사항목은 계측이며 박스의 높이를 측정하도록 지정되어 있음을 알 수 있다. 합격기준은 20mm이며, 허용오차는 ±1mm이다. 검사는 마이크로미터를 이용하여 계측이 이루어지며, 시료 수는 5개, 즉 5개의 케이스내부박스를 측정하도록 되어 있다. 그리고 측정된 값은 x1, x2, x3, x4, x5에 기록하도록 되어 있다. 반출 항목이 지정된 것에 대해서, 측정된 5개의 자재 중에서 한 개라도 불합격이 되면 해당되는 케이스내부박스는 모두 불합격 처리 대상이 된다. 한편 선별 항목이 지정된 경우라면 불합격된 자재들만 선별적으로 불합격 처리하는 것으로 된다.

이와 같이 수입대기 중인 모든 자재들에 대해서도 조회를 실시하고, 정해 놓은 기준에 따라서 수입검사를 진행한 후 합격, 불합격 판정을 실시하면, 합격된 자재들에 한하여 입고처리가 이루어지게 된다.

수입검사가 완료된 후 합격된 자재들은 정해진 렉(품번관리(제조))에서 지정해 놓은 저장 공간으로 이동하여 저장한다.

MES 실습 9. 출하검사

제품 생산이 완료된 후 미리 정해둔 품질검사 방식과 합격 기준에 따라서 완제품 검사를 진행한 후 제품 출하를 할 수 있게 된다. 완제품검사 기준의 등록 및 적용을 비비쿠션을 예로 들어서 설명한다.

1. 출하검사기준서 등록

출하검사기준서는 QMS 메뉴에서 이루어지는데 출하검사기준서 등록을 위한 기본 화면을 다음에 나타낸다.

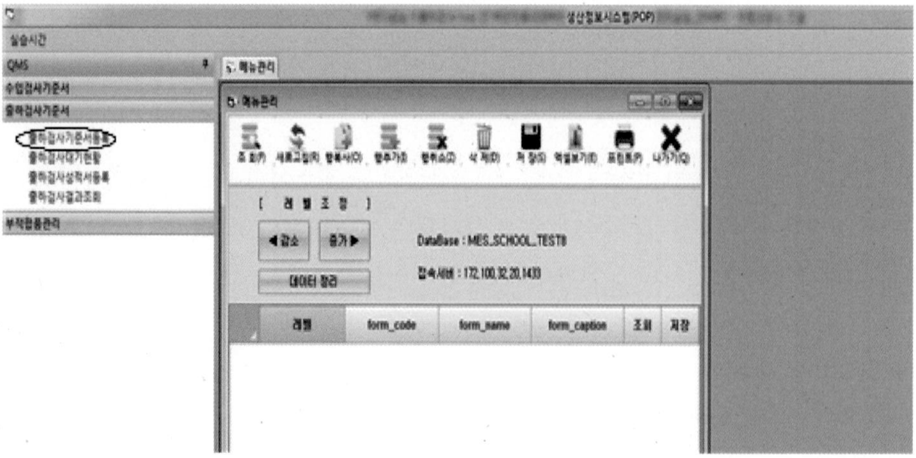

출하검사기준서 등록을 클릭한 후 출하검사기준 등록/수정 버튼을 클릭하면 다음과 같은 화면이 나타난다. 참고로 출하검사 항목은 기준정보의 검사항목 등록 메뉴에서 등록할 수 있다.

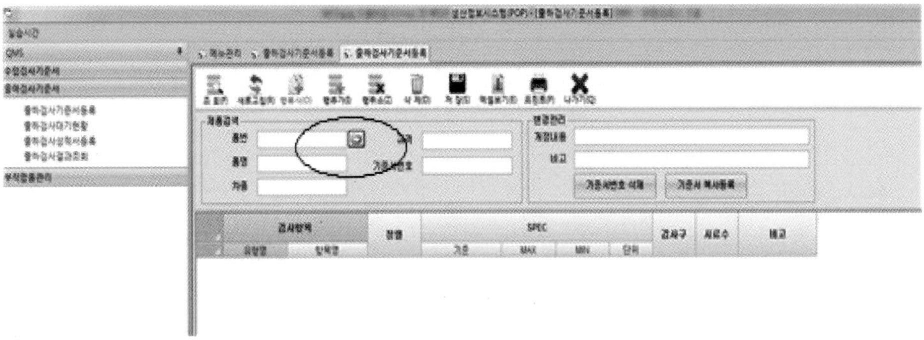

완제품 검색을 한 후 해당 제품을 더블클릭하여 선택한 후 행추가 버튼을 클릭하면 다음과 같은 화면이 나타난다.

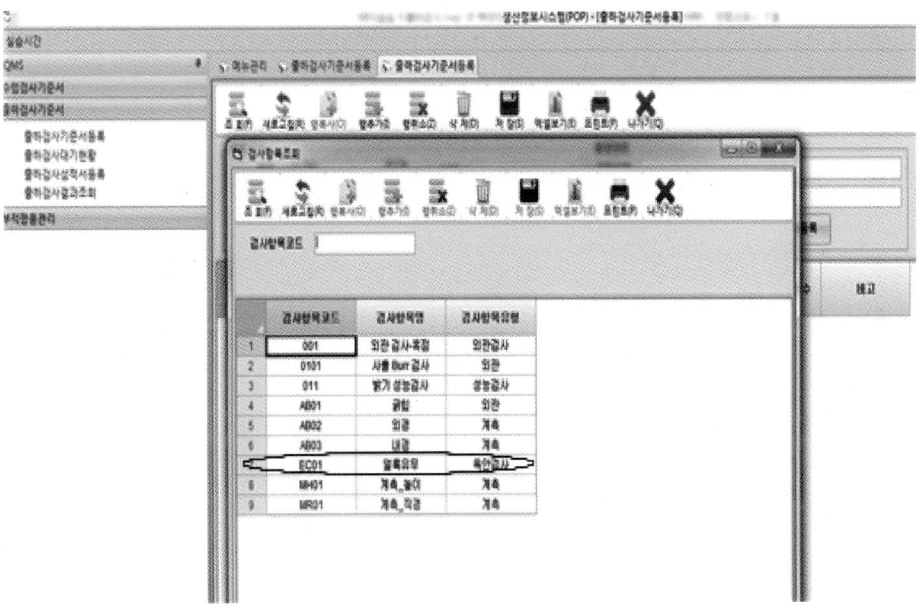

ECo1을 더블클릭하면 다음과 같은 입력창이 나타나게 된다. 해당 값을 입력하고 저장한다.

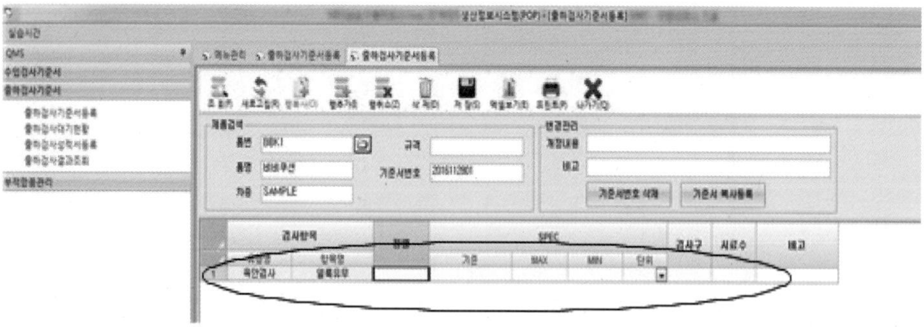

다음은 정렬번호 1, 검사구는 육안, 시료 수는 5를 입력하였을 때의 화면이다.

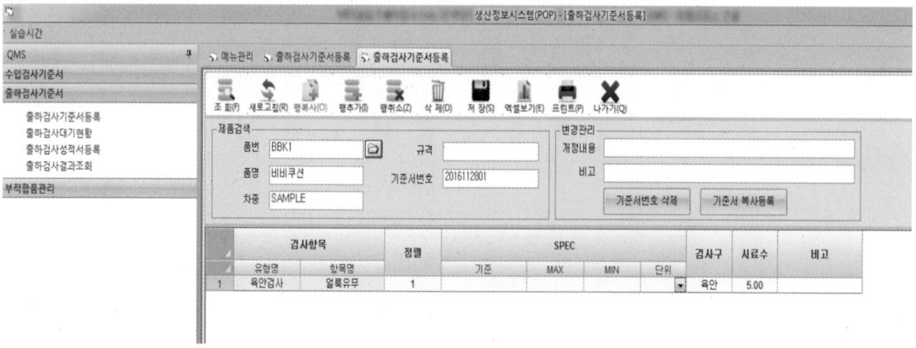

기준서 등록이 이루어지지 않았을 때 다음의 화면 내용과 같이 적용 버튼을 클릭하여 기준서를 등록해야 한다.

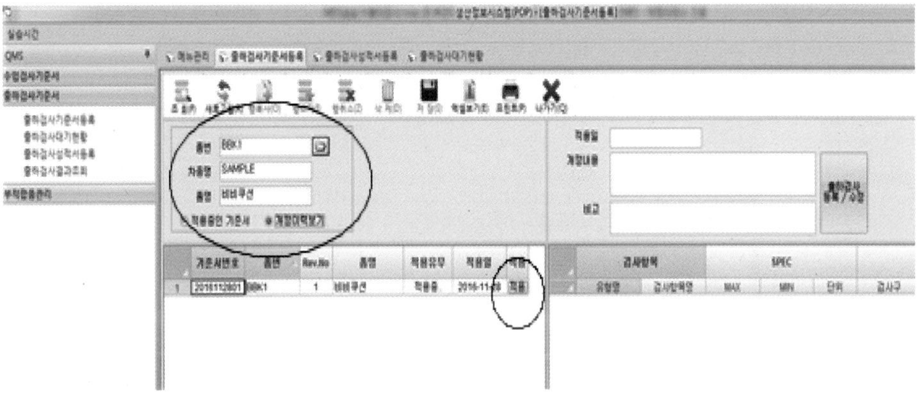

기준서를 등록하게 되면 출하검사대기 현황의 내용이 사라지게 되고 출하검사성적서 등록 화면에서 그 내용을 볼 수 있게 된다.

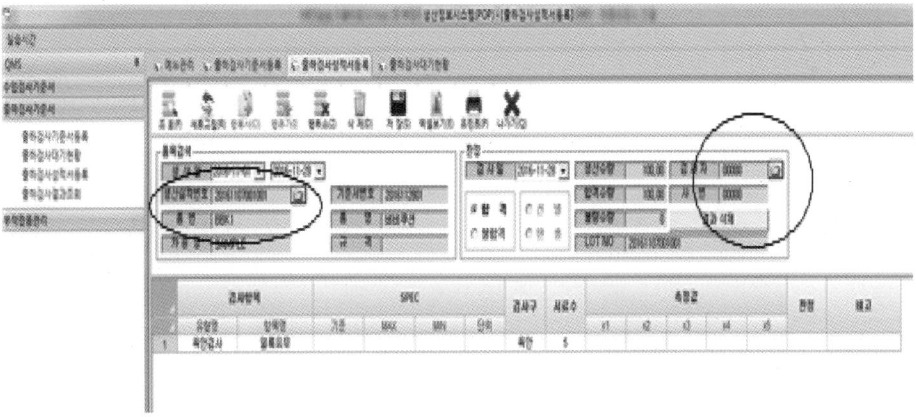

검사자를 선택하고, 생산실적번호를 검색한 후 저장 버튼을 클릭함으로써 출하검사성적서 등록을 완료한다. 다음 화면은 출하검사결과 조회 화면이다.

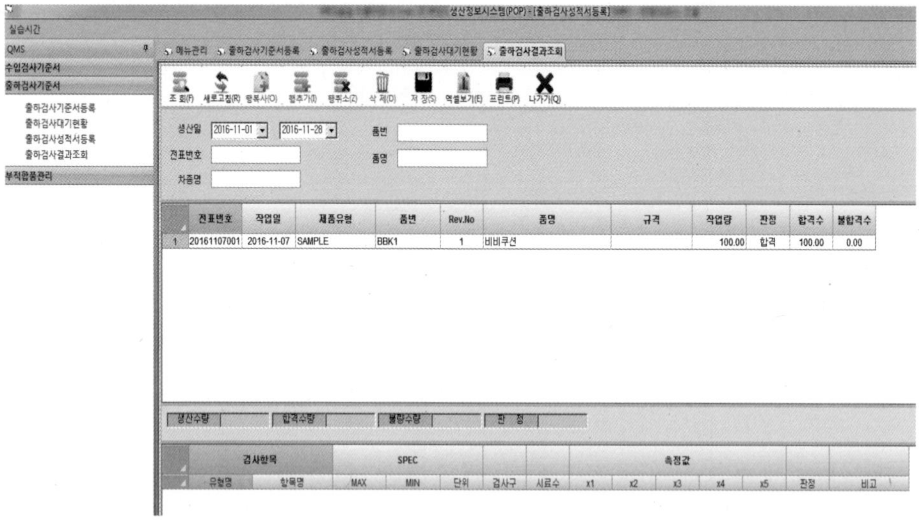

작업량 100개 모두가 합격하였음을 알 수 있다.

연습문제

01 다음 부품전개도와 데이터베이스의 내용에 대해서 물음에 답하시오.

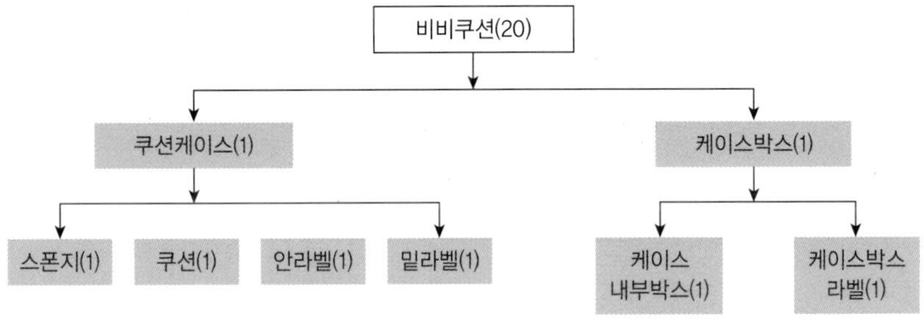

부품명	부품 코드명	거래처	거래처 코드	단위	구분
비비쿠션	BBK1	아몰드화장품	AMLD	개	완제품
쿠션케이스	KU01	송원상사	SWCO	개	반제품
케이스박스	BK01	소리포장	SRPG	개	반제품
스폰지	SP01	송원상사	SWCO	개	자재
쿠션	KU02	송원상사	SWCO	개	자재
케이스내부박스	BK02	소리포장	SRPG	개	자재
케이스박스라벨	LB03	신성제지	SSPR	개	자재
인라벨	LB01	신성제지	SSPR	개	자재
밑라벨	LB02	신성제지	SSPR	개	자재

물음 1. 아래 그림에 있는 입력칸 MES의 품번관리(제조)에 입력자료를 채워 넣으시오.

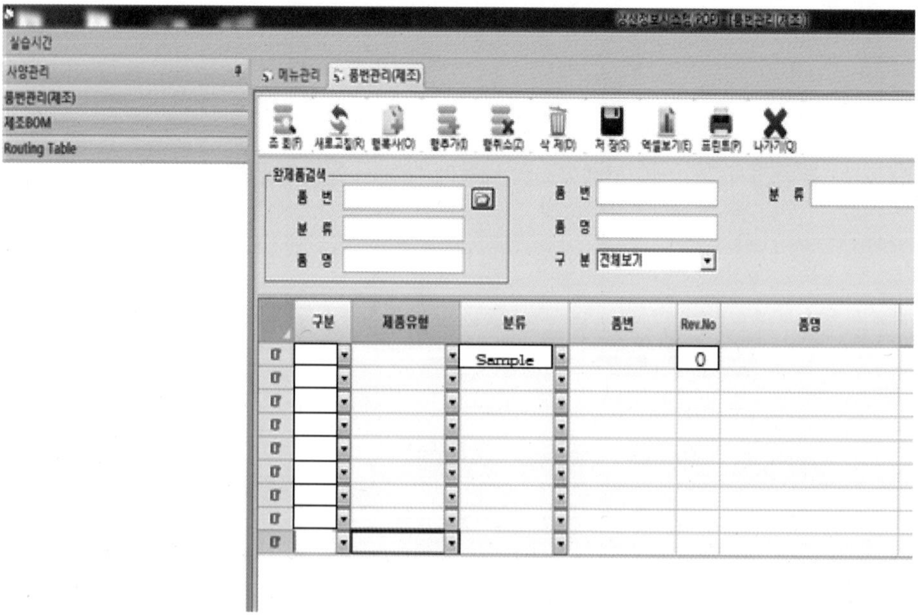

물음 2. 다음은 MES에서 제조 BOM을 구성하는 화면이다 빈칸을 채워서 BOM을 구성하시오.

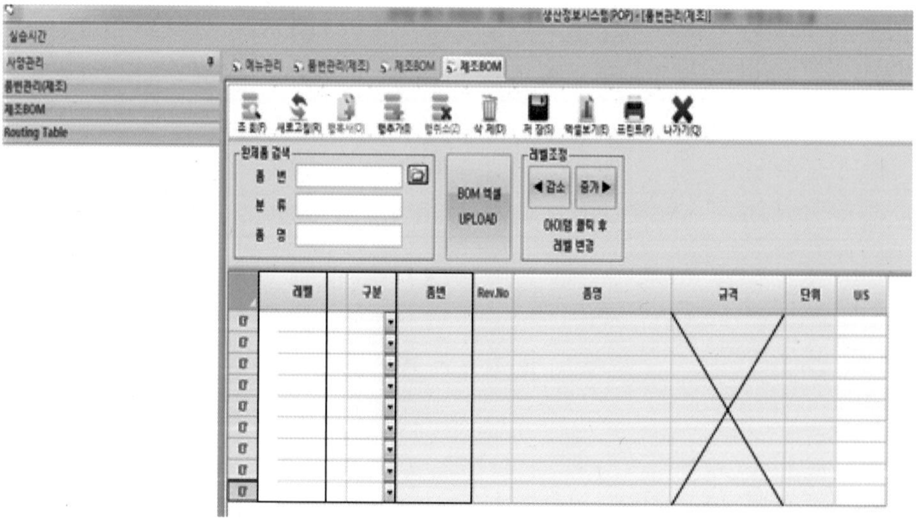

02 다음 보기를 참고하여 빈칸을 채워서 수입검사기준서 등록절차를 나열하시오.

> [보기]
> A. 검사항목코드 등록 B. 제품유형 등록 C. 수입검사기준서 등록
> D. 검사항목구분 등록 E. 품번관리(제조)

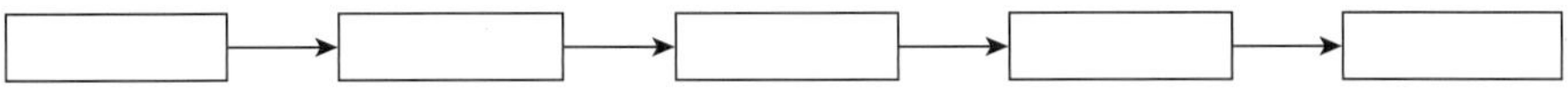

03 다음 보기를 참고하여 빈칸을 채워서 작업실적 등록절차를 나열하시오.

> [보기]
> A. 년 생산계획 B. 작업지시 등록 C. 작업실적 등록
> D. Routing Table 작성 E. 주생산계획

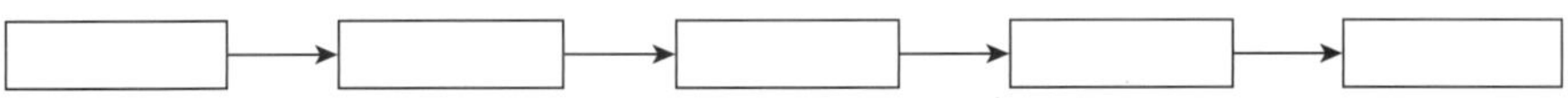

04 다음 보기를 참고하여 빈칸을 채워서 수입검사기준서 등록절차를 나열하시오.

> [보기]
> A. 검사항목코드 등록 B. 제품유형 등록 C. 수입검사기준서 등록
> D. 검사항목구분 등록 E. 품번관리(제조)

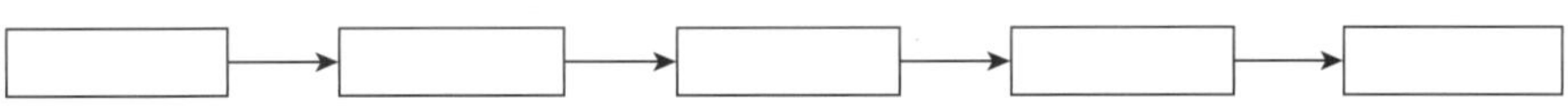

05 다음 항목들은 MES에서 자재입고처리 과정에서 수행하게 되는 항목들이다. 순서대로 나열하시오.

[보기]
제품유형 등록, 발주 등록, 자재입하 등록, 수입검사 등록, 렉 등록, 자재입고, 구매단가이력등록, 거래처 등록

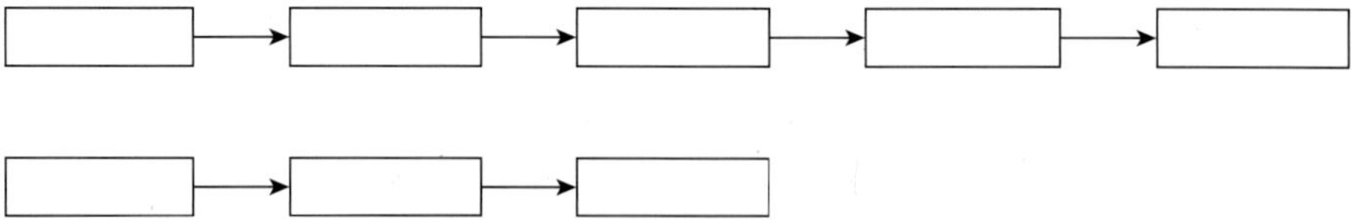

제5장

독립수요의 재고관리

1. 독립수요품목의 재고관리란 무엇인가?
2. 재고 관련 비용의 종류
3. 고정주문량시스템
4. 고정주기 발주시스템
5. 단일기간 재고모형

1. 독립수요품목의 재고관리란 무엇인가?

독립수요란 다른 품목의 수요에 관련이 없는 제품의 수요를 말한다. 완제품이나 독립적으로 시중에 유통되는 완제품에 대한 서비스부품이 이에 해당된다. 독립수요품목의 재고관리란 이러한 완제품 혹은 서비스부품 등의 재고를 통제하여 기업의 이윤극대화를 추구하는 활동으로 정의할 수 있다. 본 장에서는 독립수요품목에 대한 경제적인 주문량과 주문 시점, 그리고 안전재고 수준의 결정 등에 대한 문제를 다룬다.

2. 재고 관련 비용의 종류

재고 관련 비용은 품목재고를 보유함에 따라 발생되는 제비용, 예를 들면 보관비용, 취급비용, 보험료, 이자 등의 재고유지비용과 재고를 확보하기 위하여 주문을 내게 됨으로써 발생되는 주문비용, 그리고 재고가 없을 때 판매의 기회를 놓치거나 고객으로부터 신용을 잃게 됨에 따라 발생되는 품절비용 등이 있다.

2.1 재고유지비용

재고유지비용은 재고의 양과 종류에 따라 달라진다. 일반창고에 저장이 가능한 품목이 있는가 하면, 특수 냉동창고 등에 보관해야 하는 품목이 있고, 그 외 재고보관에 있어서 특별한 주의를 요하는 품목도 있다. 재고유지비용은 일반적으로 재고의 양에 비례한다.

① 창고비

재고 보관을 위하여 창고를 임대하거나 혹은 부지를 확보하여 창고를 지어 사용하게 될 때 드는 비용이다.

② 취급 · 운반비

재고의 수납, 운반, 정리정돈, 불출 등의 활동을 수행하게 될 때 드는 비용이다.

③ 보험료

재고유지를 위하여 보험에 가입함으로써 지급하게 되는 비용이다.

④ 열화 및 진부화비용

시간이 지남에 따라 재고가치가 떨어지게 됨으로써 발생되는 비용이다. 보관 중인 식재료의 품질이 떨어지거나 유행이 지남에 따라서 상품가치가 떨어지게 될 때 발생되는 비용이다.

2.2 주문비용 또는 준비비용

주문할 때 드는 비용으로써 주문횟수에 비례하여 발생한다. 작업장에 생산의뢰를 하거나 납품업체에 주문을 넣을 때마다 발생한다.

① 준비비용

생산변경이 이루어질 때 발생되는 가동준비비가 이에 해당된다. 치공구를 교체하거나 작업변경을 위하여 청소를 하는 등 새로운 작업준비를 할 때마다 발생되는 비용과 시운전을 요하는 경우 혹은 초기 가동 시에 빈번하게 발생되는 불량품에 대한 비용이 여기에 해당된다.

② 검사비용

주문된 품목이 입고될 때마다 검사에 소요되는 비용을 의미한다.

③ 수송비용

재고 운반에 소요되는 비용을 의미한다.

2.3 품절비용

재고가 부족함으로써 고객의 주문에 즉시 대응하지 못할 때 발생되는 비용을 의미한다. 품절비용은 다른 비용과 달리 측정이 어렵다. 고객에게 만족스러운 서비스를 제공해 주지 못하여 고객으로부터 신뢰를 잃는 것이나, 제품수요가 활발할 때에 재고가 확보되지 못함으로 인해서 판매기회를 놓치게 되어 발생된 비용은 산출에 어려움이 있다. 그러나 품절비용은 기업 경영에 있어서 매우 중요하므로 소홀히 다루어서는 안 된다.

3. 고정주문량시스템

고정주문량시스템에서는 자재가 주문될 때마다 매번 같은 양의 주문을 넣는다. 그러나 언제 주문을 넣게 되는지는 정해져 있지 않다. 주문은 재고수량이 주문 후 재고가 다시 채워질 때까지 사용할 수 있는 양이 남아 있을 때 이루어진다. 고정주문량시스템에서는 주문 시점을 결정하여 운영한다.

3.1 경제적 주문량모형

재고를 필요할 때마다 필요한 양 만큼씩만 주문하게 되면 재고유지 및 보관에 소요되는 재고유지비용은 최소가 되는 반면에 주문횟수가 증가하게 되어서 주문비용은 증가하게 된다. 한편 1년간 필요한 재고량을 한 번에 주문하여 재고를 확보하게 되면 주문횟수는 1회가 되어서 주문비용은 적게 발생하는 반면에 재고를 유지, 보관하는 데 드는 비용은 매우 커지게 된다.

예제 1.

A사의 한 품목의 연간 수요량이 6,000단위, 주문비용은 1,000원, 연간 단위당 재고유지비용이 200원이라고 한다. 주문할 때마다 3,000단위씩 2회 주문을 하는 경우와 1,000단위씩 6회 주문하는 경우 총재고비용을 계산해 보자.

먼저 연간 3,000단위씩 2회 주문을 하는 경우와 1,000단위씩 6회 주문하는 경우를 그림으로 나타내면 다음과 같다.

3,000단위씩 주문을 하는 경우 최대재고 수준은 3,000단위가 되고, 재고수량이 0인 경우에 다시 입고됨으로 최소재고 수준은 0이 된다. 따라서 주문량을 3,000단위로 할 때 평균재고 수준은 1,500이 된다. 한편 1,000단위씩 주문을 하는 경우에는 평균재고 수준이 500단위가 된다.

그림 5.1 주문량을 3,000단위로 하는 경우(상)와 1,000단위로 하는 경우(하)의 예

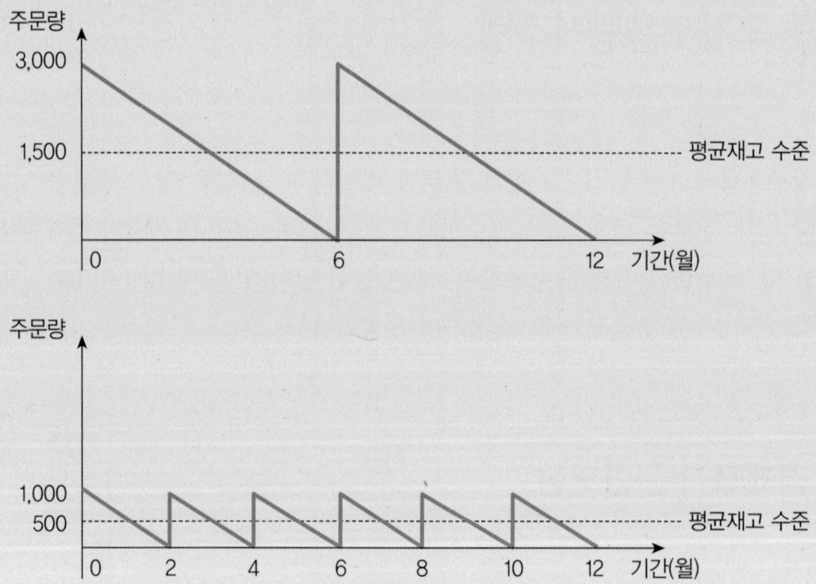

따라서 주문량이 3,000단위인 경우와 1,000단위인 경우에 대해서 각각 총재고비용을 계산하면 다음과 같이 된다.

TC = 재고비용 + 주문비용 …… (1)

= 평균재고 수준 × 연간 단위당 재고유지비용 + 주문횟수 × 주문비용

이므로

$TC_{3,000} = 1,500 \times 200 + 2 \times 1,000 = 302,000$(원)

$TC_{1,000} = 500 \times 200 + 6 \times 1,000 = 106,000$(원)

이 된다.

1회 주문량이 적어지면 평균재고 수준이 적어지게 됨으로써 재고유지비용이 적어지는 반면에 주문횟수가 늘어나므로 주문비용은 증가하게 된다. 따라서 주문비용이 재고유지비용에 비해 월등히 큰 경우에는 1회 주문량을 크게 하는 것이 총재고비용을 적게 한다.

주문비용과 재고유지비용의 합, 즉 총재고비용을 최소가 되게 하는 1회 주문량을 경제적 주문량(Economic Order Quantity: EOQ)이라고 하며 이를 산출하는 방법은 다음과 같다.

경제적 주문량 산출을 위한 가정

① 연간 수요량, 주문비용, 재고유지비용은 추정이 가능하며 확정적이다.

② 재고 관련 비용 중에서 품절비용은 고려하지 않고 재고유지비용과 주문비용만 고려한다.

③ 재고가 보충되는 재고인도시간(리드타임)은 항상 일정하다.

④ 주문비용은 1회 주문량이 많거나 적어도 할인되거나 더 많이 들지 않고 일정하다.

⑤ 제품의 평균재고량은 주문량을 2로 나눈 것으로 한다. 즉, 안전재고량을 확보하지 않으며, 주문량은 한 번에 정해진 입고기간에 입고된다. 재고품목에 대한 수요율은 일정하며 새로운 주문량이 입고되는 시점에 모두 소진된다.

경제적 주문량을 전개하기에 앞서 먼저 관련된 용어를 다음과 같이 정의한다.

D: 연간 수요량

Q: 1회 주문량

H: 1년간 재고 1단위를 보관하는 데 드는 비용
S: 1회 주문비용
TC: 연간 총재고유지비용으로서 여기서는 재고유지비용과 주문비용의 합을 의미한다.

주문비용 = 주문횟수 × 1회 주문비용
= 연간 수요량 ÷ 1회 주문량 ×1회 주문비용

$$= \frac{D}{Q} \cdot S \qquad \cdots\cdots (2)$$

재고유지비용 = 평균재고량 × 연간 단위당 재고유지비용
= (최대재고 수준 − 최소재고 수준) ÷ 2 × 연간 단위당 재고유지비용

$$= (Q - 0) \div 2 \times H$$

$$= \frac{Q}{2} \cdot H \qquad \cdots\cdots (3)$$

총재고비용 = 주문비용 + 재고유지비용

$$TC = \frac{D}{Q} \cdot S + \frac{Q}{2} \cdot H \qquad \cdots\cdots (4)$$

예제 2.

연간 수요가 12,000단위, 재고유지비용은 연간 단위당 1,000원, 주문비용은 100원일 때 총재고비용을 수식으로 나타내면 다음과 같다.

$$\text{주문비용} = \frac{12,000}{Q} \cdot 100$$

$$\text{재고유지비용} = \frac{Q}{2} \cdot 100$$

따라서

$$TC = \frac{12,000}{Q} \cdot 100 + \frac{Q}{2} \cdot 1,000 \qquad \cdots\cdots (5)$$

$$= \frac{1,200,000}{Q} + 500Q$$

위 식(5)에 대해서 임의의 주문량에 대한 재고 관련 비용을 계산하면 다음 〈표 5.1〉과 같다.

표 5.1 주문량의 변화에 따른 재고 관련 비용의 변화 예

주문량	주문비용	재고유지비용	총재고비용
10	120,000	5,000	125,000
20	60,000	10,000	70,000
30	40,000	15,000	55,000
40	30,000	20,000	50,000
50	24,000	25,000	49,000
60	20,000	30,000	50,000
70	17,143	35,000	52,143
80	15,000	40,000	55,000
90	13,333	45,000	58,333
100	12,000	50,000	62,000

위의 〈표 5.1〉에서 보면 주문량이 50일 때 총재고비용은 최소가 되는데 이를 그래프로 나타내면 [그림 5.2]와 같다.

그림 5.2 재고비용과 주문량과의 관계

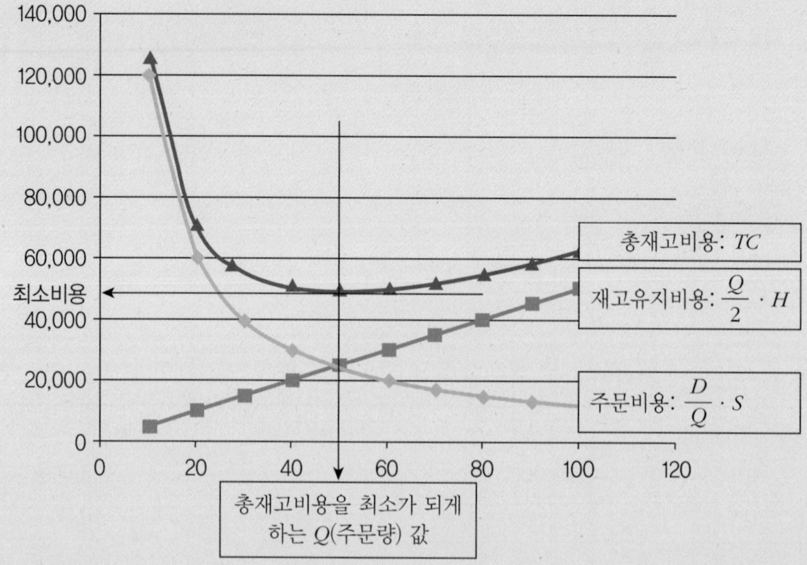

[그림 5.2]의 그래프 상에서 볼 때 총재고비용은 재고유지비용과 주문비용이 같아지는 지점에서 최소가 됨을 알 수 있다. 총재고비용을 최소로 만드는 주문량 Q를 구해보면 다음과 같다.

$$\frac{1,200,000}{Q} = 500Q$$

$$Q^2 = 2,400$$

$$Q = 48.99 \cong 50$$

즉, 1회 주문량을 50으로 할 때 총재고비용은 최소가 되는데 이를 경제적 주문량, 즉 EOQ라고 한다.

예제 3.

연간 총수요량이 D, 재고유지비용이 H이고 주문비용이 S일 때, 총재고비용 TC가 최소가 되게 하는 주문량 Q를 결정하는 식을 구하게 되면 다음과 같다.
먼저 총재고비용 TC는 재고유지비용과 주문비용의 합으로 이루어진다(식(4) 참조). 총재고비용은 재유지비용과 주문비용이 같아질 때 최소가 되므로(위의 그래프 참조) 다음과 같은 식의 전개를 통해서 경제적 주문량이 결정된다.

$$\frac{D}{Q} \cdot S = \frac{Q}{2}H \qquad \cdots\cdots (6)$$

$$Q^2H = 2DS$$

$$Q^2 = \frac{2DS}{H}$$

$$Q^* = \sqrt{\frac{2DS}{H}}$$

예제 4.

A사의 연간 주문량이 6,000단위, 연간 단위당 재고유지비용이 50원, 주문비용이 100원일 때 A사의 경제적 주문량을 계산하면 다음과 같다.

$$Q = \sqrt{\frac{2DS}{H}} = \sqrt{\frac{2 \times 6{,}000 \times 100}{50}} = \sqrt{24{,}000} \cong 155$$

경제적 주문량이 155단위이므로 연간 주문횟수 N는 연간 수요량을 경제적 주문량으로 나눔으로써 얻어지게 된다. 즉

$$N = \frac{D}{Q} = \frac{6{,}000}{155} = 38.7 \cong 39(\text{회})$$

주문주기 T는 주문횟수의 역수에 연간 일수 365를 곱함으로써 얻어진다. 즉

$$T = \frac{1}{N}(1\text{년}) = \frac{1}{39} \times 365(\text{일}) = 9.4 \cong 9(\text{일})$$

즉, A사는 9일마다 제품 155단위씩을 주문하여 재고로 확보하는 재고정책을 수립하고 추진할 때 재고 관련 총비용은 최소가 된다.

3.2 경제적 생산량모형

경제적 주문량모형에서는 주문량이 한꺼번에 입고예정일에 입고된 후, 일정한 수요율에 따라 소진되어 간다고 전제한 후 최적주문량을 결정하였다. 예를 들어서 연간 수요량이 6,000단위이고, 경제적 주문량모형에 따라 최적주문량이 500단위로 결정되었다면 30일마다 500단위씩 입고가 이루어진 후 수요가 일정한 비율로 발생되어서 재고 수준이 점점 줄어든다.

그림 5.3 생산율과 수요율에 대한 재고 수준 변동 예

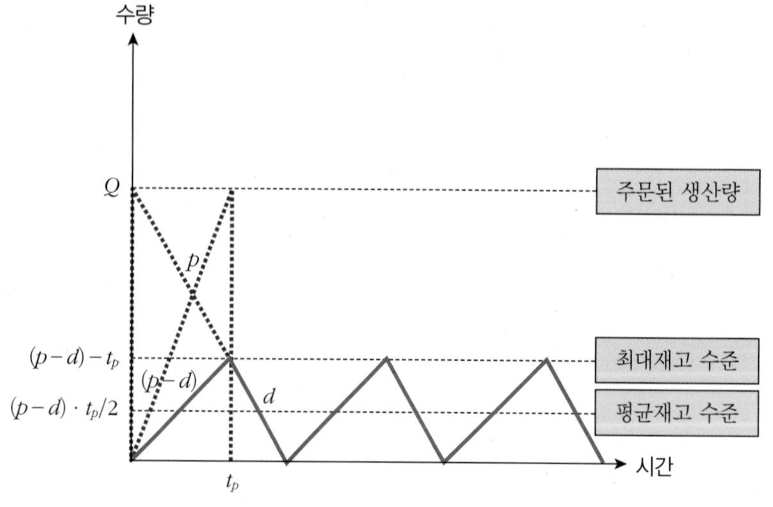

한편 경제적 생산량모형에서는 생산이 일정한 비율로 일어나면서 동시에 수요도 일정한 비율로 발생된다는 것을 전제로 한다. 따라서 생산율이 수요율보다 클 경우에만 생산율과 수요율의 차이만큼씩 생산기간 동안에 재고가 누적되어서 재고유지비용이 발생하게 된다.

생산이 이루어지는 시간을 t_p라고 할 때 t_p의 기간 동안 생산과 수요가 동시에 발생한다. 생산율이 p이고 t_p의 기간 동안에 생산되는 총생산량을 Q라고 할 때 $Q = p \cdot t_p$가 된다. 한편 수요율을 d라고 하면 재고 수준은 $(p - d)$의 비율로 t_p기간 동안 증가하게 되어 최대재고 수준은 $(p - d) \cdot t_p$가 됨으로써 평균재고 수준은 $(p - d) \cdot tp/2$ 된다. 따라서 경제적 생산량모형은 다음과 같이 전개된다.

총재고비용 = 생산비용 + 재고유지비용 …… (7)
　　　　　= 생산횟수 × 생산준비비용 + 평균재고 수준 × 단위당 재고유지비용

$$TC = \frac{D}{Q} \cdot S + \frac{(p-d) \cdot t_p}{2} \cdot H$$

한편 $Q = p \cdot t_p$, 즉 $t_p = \frac{Q}{p}$이므로

$$TC = \frac{D}{Q} \cdot S + \frac{(p-d) \cdot \frac{Q}{p}}{2} \cdot H$$

가 된다.

생산비용과 재고유지비용이 같아질 때 총재고비용 TC는 최소가 되므로 경제적 생산량 Q를 구하면 다음과 같이 된다.

$$Q^* = \sqrt{\frac{2DS}{H} \cdot \left(\frac{p}{p-d}\right)} \qquad \cdots\cdots (8)$$

특히 경제적 생산량을 EPQ(Economic Production Quantity)라고 한다.

예제 5.

A사의 한 품목에 대한 연간 수요량이 15,000단위이고 주당 수요율이 300단위라고 하며, 연간 단위당 재고유지비용은 1,000원, 생산준비비용은 10,000원으로 추정된다. 공급자는 제품을 매주 500단위씩 일정하게 공급할 수 있다고 한다면 경제적 생산량을 얼마로 결정할 때 총재고비용을 최소로 할 수 있는지 생각해보자. (1년을 50주로 계산한다.)

주당 수요율 d = 300이고, 생산율 p = 500이므로

$$EPQ = \sqrt{\frac{2DS}{H}\left(\frac{p}{p-d}\right)} = \sqrt{\frac{2\times 15{,}000\times 10{,}000}{50}\times\left(\frac{500}{500-300}\right)} = 500\sqrt{3} = 866$$

$$\text{주문횟수 } N = \frac{D}{Q} = \frac{15{,}000}{866} \cong 18(\text{회})$$

$$\text{주문주기 } T = \frac{1}{N}(1\text{년}) = \frac{866}{15{,}000}\times 50(\text{주}) \cong 2.9(\text{주})$$

따라서 A사는 해당 품목에 대해 2.9주 간격으로 866단위씩 생산을 주문할 때 총재고비용을 최소로 할 수 있다는 것을 알 수 있다.

3.3 수량할인이 있는 경우의 경제적 주문량모형

지금까지는 주문량이 많아도 품목가격이 일정하다고 가정하여 품목비용을 제외한 가운데 총재고비용을 산출하는 문제를 다루었다. 본 절에서는 주문수량이 많으면 품목가격을 할인해 주는 문제를 다룬다. 주문수량이 많을 경우 품목가격을 할인해 주는 경우의 문제를 수량할인이 있는 경제적 주문량모형이라고 한다.

예제 6.

제품가격이 단위당 1,000원인 제품에 대해서 500단위씩 주문을 하게 되면 20%씩 할인해 준다고 한다. 제품이 연간 10,000단위가 필요하다고 하며, 주문비용이 1,000원, 연간 단위당 재고유지비용이 200원이라고 하면 500단위씩 주문하는 경우와 100단위씩 주문하는 경우의 총재고비용을 비교해 보자.

$$\text{총재고비용 } TC = D \cdot C + \frac{D}{Q} \cdot S + \frac{Q}{2} \cdot H \qquad \cdots\cdots (9)$$

$$\begin{aligned} TC_{100} &= (10,000 \times 1,000) + \left(\frac{10,000}{100} \times 1,000\right) + \left(\frac{100}{2} \times 200\right) \\ &= 10,110,000(\text{원}) \end{aligned}$$

$$\begin{aligned} TC_{500} &= (10,000 \times 1,000 \times 0.8) + \left(\frac{10,000}{500} \times 1,000\right) + \left(\frac{500}{2} \times 200\right) \\ &= 8,070,000(\text{원}) \end{aligned}$$

위의 경우를 보면 수량할인을 고려하여 총재고비용을 계산해 볼 때 500단위씩 주문하는 것이 100단위씩 주문하는 것에 비해서 총재고비용이 적다는 것을 알 수 있다. 주문량을 500단위로 할 경우 100단위로 하는 경우보다 평균재고 수준을 훨씬 크게 함으로써 재고유지비용을 크게 증가시키지만 주문횟수가 줄어듦으로써 주문비용이 절감되고, 또한 수량할인에 따른 품목구매비용이 절감됨으로써 연간 총재고비용을 적게 하는 결과를 가져오게 된다. 그러면 수량할인이 있는 경우의 경제적 주문량을 결정하는 방법을 살펴보자.

예제 7.

연간 수요량이 1,200단위, 주문비용이 1,000원, 재고유지비용이 단위당 10원일 때, 품목구매비용이 140원, 120원, 그리고 100원인 경우 총재고비용과 주문량과의 관계를 식으로 나타내면 다음과 같다.

$$TC = D \cdot C + \frac{D}{Q} \cdot S + \frac{Q}{2} \cdot H \quad \cdots\cdots (10)$$

$$TC_{140} = (1,200 \times 140) + \left(\frac{1,200}{Q} \times 1,000\right) + \left(\frac{Q}{2} \times 10\right)$$

$$= 168,000 + \frac{1,200,000}{Q} + 5Q$$

$$TC_{120} = 144,000 + \frac{1,200,000}{Q} + 5Q$$

$$TC_{100} = 120,000 + \frac{1,200,000}{Q} + 5Q$$

예제 7의 경우에서는 구매비용만 변동이 생기게 됨으로써 그래프를 그려보면 구매비용의 변동폭 만큼 그래프가 상하로 평행이동한 상태가 됨을 알 수 있다.

그림 5.4 가격할인이 이루어진 경우의 총재고비용 곡선 변화 예

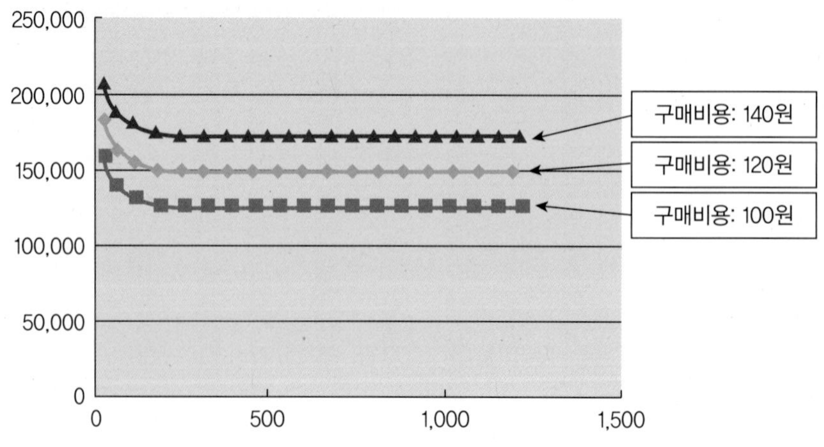

위 식(10)에 대해서 Q값의 변동에 따른 총재고비용을 계산하면 다음 〈표 5.2〉와 같다.

표 5.2 Q값의 변동에 따른 TC값의 변동 예

주문량 Q	품목가격: 100 재고유지비: 10	품목가격: 120 재고유지비: 10	품목가격: 140 재고유지비: 10
30	160,150	184,150	208,150
60	140,300	164,300	188,300
90	133,783	157,783	181,783
120	130,600	154,600	178,600
150	128,750	152,750	176,750
180	127,567	151,567	175,567
210	126,764	150,764	174,764
240	126,200	150,200	174,200
270	125,794	149,794	173,794
300	125,500	149,500	173,500
330	125,286	149,286	173,286
360	125,133	149,133	173,133
390	125,027	149,027	173,027
420	124,957	148,957	172,957
450	124,917	148,917	172,917
480	124,900	148,900	172,900
510	124,903	148,903	172,903
540	124,922	148,922	172,922
570	124,955	148,955	172,955
600	125,000	149,000	173,000
630	125,055	149,055	173,055
660	125,118	149,118	173,118
690	125,189	149,189	173,189
720	125,267	149,267	173,267
750	125,350	149,350	173,350
780	125,438	149,438	173,438
810	125,531	149,531	173,531
840	125,629	149,629	173,629

870	125,729	149,729	173,729
900	125,833	149,833	173,833
930	125,940	149,940	173,940
960	126,050	150,050	174,050
990	126,162	150,162	174,162
1,020	126,276	150,276	174,276
1,050	126,393	150,393	174,393
1,080	126,511	150,511	174,511
1,110	126,631	150,631	174,631
1,140	126,753	150,753	174,753
1,170	126,876	150,876	174,876
1,200	127,000	151,000	175,000

〈표 5.2〉에 따르면 총재고비용 TC를 최소로 하는 주문량 Q값은 품목가격의 변동에 관계 없이 450~510단위 사이에 존재함을 알 수 있다.

한편 만일 구매가격이 비싼 제품의 재고유지비용이 싼 제품의 경우보다 싸게 되는 경우, 즉 재고유지비용이 제품가격의 비율로 정해지는 경우에 경제적 주문량은 다음과 같은 식으로 전개된다.

$$Q = \sqrt{\frac{2DS}{H}} = \sqrt{\frac{2DS}{iC}} \qquad \cdots\cdots (11)$$

여기서 i는 할인율, C는 품목단가를 나타낸다.

예제 8.

품목의 재고유지비용이 품목가격의 20%로 정해져 있다고 할 때 위의 식(11)은 다음 식(12)와 같이 된다.

$$TC = D \cdot C + \frac{D}{Q} \cdot S + \frac{Q}{2} \cdot H \qquad \cdots\cdots (12)$$

$$TC_{140} = (1,200 \times 140) + \left(\frac{1,200}{Q} \times 1,000\right) + \left(\frac{Q}{2} \times 10\right)$$

$$= 168,000 + \frac{1,200,000}{Q} + 14Q$$

$$TC_{120} = 144,000 + \frac{1,200,000}{Q} + 12Q$$

$$TC_{100} = 120,000 + \frac{1,200,000}{Q} + 10Q$$

그림 5.5 가격할인과 재고유지비용의 변동이 반영된 총재고비용 변동곡선 예

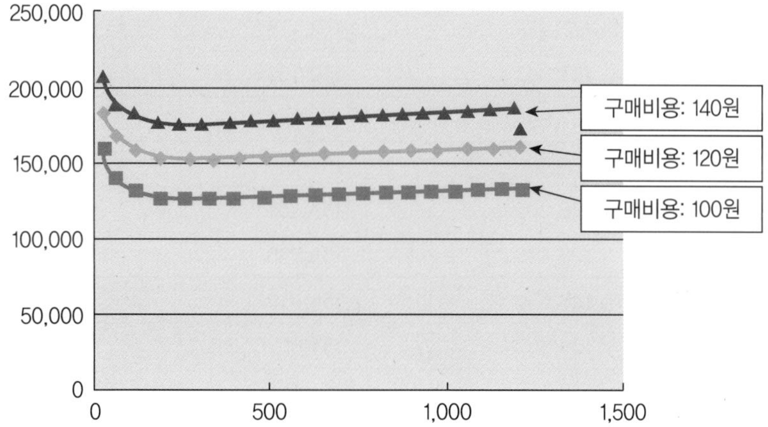

표 5.2 주문량 Q값의 변동에 따른 총재고비용 TC값의 변동 예

주문량 Q	품목가격: 100	품목가격: 120	품목가격: 140
	재고유지비: 20	재고유지비: 24	재고유지비: 28
30	160,300	184,360	208,420
60	140,600	164,720	188,840
90	134,233	158,413	182,593
120	131,200	155,440	179,680
150	129,500	153,800	178,100
180	128,467	152,827	177,187
210	127,814	152,234	176,654
240	127,400	151,880	176,360
270	127,144	151,684	176,224
300	127,000	151,600	176,200
330	126,936	151,596	176,256
360	126,933	151,653	176,373
390	126,977	151,757	176,537
420	127,057	151,897	176,737
450	127,167	152,067	176,967
480	127,300	152,260	177,220
510	127,453	152,473	177,493
540	127,622	152,702	177,782
570	127,805	152,945	178,085
600	128,000	153,200	178,400
630	128,205	153,465	178,725
660	128,418	153,738	179,058
690	128,639	154,019	179,399
720	128,867	154,307	179,747
750	129,100	154,600	180,100
780	129,338	154,898	180,458
810	129,581	155,201	180,821
840	129,829	155,509	181,189

870	130,079	155,819	181,559
900	130,333	156,133	181,933
930	130,590	156,450	182,310
960	130,850	156,770	182,690
990	131,112	157,092	183,072
1,020	131,376	157,416	183,456
1,050	131,643	157,743	183,843
1,080	131,911	158,071	184,231
1,110	132,181	158,401	184,621
1,140	132,453	158,733	185,013
1,170	132,726	159,066	185,406
1,200	133,000	159,400	185,800

주문량에 따른 가격할인이 다음과 같다고 할 때 총재고비용을 최소화하는 최적 주문량에 대하여 생각해 보자.

주문량	품목가격
300단위 미만	140원
300단위 이상 600단위 미만	120원
600단위 이상	100원

식(12)의 총재고비용 *TC*는 *Q*값의 변동에 대해서 〈표 5.3〉과 같이 계산된다. 〈표 5.3〉에서 보면 주문량을 300단위 미만으로 정하게 되면 품목가격에 대한 할인이 없이 140원이 됨으로써 그때 *TC*를 최소로 하는 주문량 *Q*값은 270 이상 300 미만에서 결정된다. 그러나 주문량이 300단위 이상 600단위 미만으로 정하게 되면 품목가격은 120원으로 됨에 따라 *TC*를 최소로 하는 주문량 *Q*값은 300~360단위 사이에서 결정된다. 한편 주문량을 600단위 이상으로 하게 될 때에는 *TC*를 최소로 하는 *Q*값은 600단위임을 알 수 있다. 이와 같이 수량할인이 있는 경우에는 예제 8과 같이 주문량의 변동에 따른 *TC*값을 계산하여 얻을 수도 있지만 다음 절차에 따

라 계산하면 어렵지 않게 결정할 수 있다.

수량할인 문제에서 주문량을 결정하는 절차

단계 1. 각 품목가격대에 대해서 경제적 주문량(생산량)을 계산한다.

단계 2. 가격할인이 적용되는 범위 내에 있는 경제적 주문량(생산량)들 중에서 가격할인이 가장 큰 경제적 주문량을 찾는다.

단계 3. 단계 2에서 찾은 경제적 주문량(생산량)을 적용하여 총재고비용을 계산한다.

단계 4. 경제적 주문량(생산량)보다 주문량이 큰 경우에 대해서, 가격할인을 받을 수 있는 최소한의 주문량을 적용, 각 가격별 총재고비용을 계산한다.

단계 5. 단계 3과 단계 4에서 계산된 총재고비용 중에서 최소값에 해당되는 주문량을 최적주문량으로 결정한다.

예제 9.

예제 8에 대해서 위 절차에 따라서 최적주문량을 결정하면 다음과 같이 된다.

먼저 각 품목가격대에 대해서 경제적 주문량을 계산하면

$Q \leq 300$인 경우 품목가격은 140원이므로

$$EOQ_{140} = \sqrt{\frac{2DS}{iC}} = \sqrt{\frac{2 \times 1,200 \times 1,000}{0.2 \times 140}} \cong 293$$

$300 \leq Q < 600$인 경우 품목가격은 120원이므로

$$EOQ_{140} = \sqrt{\frac{2 \times 1,200 \times 1,000}{0.2 \times 120}} \cong 316$$

$Q \geq 600$인 경우 품목가격은 100원이므로

$$EOQ_{140} = \sqrt{\frac{2 \times 1,200 \times 1,000}{0.2 \times 120}} \cong 346$$

가 된다.

가격할인이 적용되는 주문량의 범위 안에 있는 경제적 주문량은 품목가격이 140원인 293단위와 품목가격이 120원 316단위이다. 이중 품목가격의 할인이 큰 경제적 주문량은 316단위이므로 이에 대한 총재고비용을 계산하면

$$TC_{120} = D \cdot C + \frac{D}{Q} \cdot S + \frac{Q}{2} \cdot i \cdot C$$

$$= (1,200 \times 120) + \left(\frac{1,200}{316} \times 1,000\right) + \left(\frac{316}{2} \times 0.2 \times 120\right)$$

$$\cong 151,590$$

이 된다.

단계 2에서 찾은 경제적 주문량 316단위보다 더 큰 주문량들 중에서 가격할인을 받을 수 있는 최소한의 주문량은 600단위이므로 이에 대한 총재고비용을 계산하면

$$TC_{100} = D \cdot C + \frac{D}{Q} \cdot S + \frac{Q}{2} \cdot i \cdot C$$

$$= (1,200 \times 100) + \left(\frac{1,200}{600} \times 1,000\right) + \left(\frac{600}{2} \times 0.2 \times 100\right)$$

$$= 128,000$$

이 된다.

따라서 주문량이 316단위인 경우 총재고비용은 151,590원이고, 600단위인 경우에는 총재고비용이 128,000원이므로 경제적 주문량은 600단위가 된다.

예제 10.

연간 수요가 15,000단위이고 생산준비비용은 1,000원 재고유지비용은 품목가격의 20%라고 한다. 단위시간당 생산율은 150단위이고, 수요율은 80단위로써 생산주문량에 따른 품목가격이 다음과 같을 때 경제적 생산량을 결정해 보자.

주문량	품목가격
500단위 미만	200원
5,500단위 이상 1,000단위 미만	150원
1,000단위 이상 3,000단위 미만	120원
3,000단위 이상	100원

먼저 각 가격대별 경제적 생산량을 계산하면 생산주문을 500단위 미만으로 할 때 품목가격은 단위당 200원으로 적용되므로

$$EPQ = \sqrt{\frac{2DS}{iC}\left(\frac{p}{p-d}\right)} = \sqrt{\frac{2\times 15{,}000\times 1{,}000}{0.2\times 200}\times\left(\frac{150}{150-80}\right)} \cong 1{,}268$$

이 되고,

500단위 이상 1,000단위 미만으로 생산을 주문할 때에는 품목단가가 150원으로, 1,000단위 이상 3,000단위 미만으로 주문할 때에는 120원, 3,000단위 이상인 경우에는 품목단가가 100원으로 적용되므로 이들에 대해서 각각 EPQ를 계산하면 다음과 같이 된다.

$$EPQ_{150} = \sqrt{\frac{2DS}{iC}\left(\frac{p}{p-d}\right)} = \sqrt{\frac{2\times 15{,}000\times 1{,}000}{0.2\times 150}\times\left(\frac{150}{150-80}\right)} \cong 1{,}464$$

$$EPQ_{120} \cong 1{,}637$$

$$EPQ_{100} \cong 1{,}793$$

경제적 주문량이 품목가격의 할인을 위한 주문량의 범위에 드는 경우의 경제적 주문량은 1,637단위로서 그때 적용되는 품목가격은 단위당 120원이다. 이에 대한 총재고비용을 계산하면 다음과 같다.

$$TC_{120} = D \cdot C + \frac{D}{Q} \cdot S + \frac{Q}{2} \cdot \left(\frac{p-d}{p}\right) \cdot i \cdot C$$

$$= (15,000 \times 120) + \left(\frac{15,000}{1,637} \times 1,000\right) + \left\{\frac{1,637}{2} \times \left(\frac{150-80}{150}\right) \times 0.2 \times 120\right\}$$

$$\cong 1,818,330$$

주문량이 1,637단위보다 더 큰 경우로서 가격할인을 받게 되는 최소한의 주문량은 3,000단위로서 그때 적용되는 품목가격은 단위당 100원이므로 이에 대해서 총재고비용을 계산하면 다음과 같다.

$$TC_{100} = D \cdot C + \frac{D}{Q} \cdot S + \frac{Q}{2} \cdot \left(\frac{p-d}{p}\right) \cdot i \cdot C$$

$$= (15,000 \times 100) + \left(\frac{15,000}{3,000} \times 1,000\right) + \left\{\frac{3,000}{2} \times \left(\frac{150-80}{150}\right) \times 0.2 \times 120\right\}$$

$$\cong 1,519,000$$

주문량을 1,637단위로 정하게 될 경우 총재고비용은 1,818,330원이고, 3,000단위로 정하게 될 경우 총재고비용은 1,519,000원이 됨으로써 경제적 생산량은 3,000단위로 된다.

안전재고량과 재주문점의 결정

지금까지는 총재고비용을 최소로 하는 경제적 주문량과 경제적 생산량을 결정하는 문제를 살펴보았다. 한편 언제 주문을 넣어야 하는지를 결정할 필요가 있는데 해당 제품의 재고량이 어느 일정한 수준에 도달할 때 주문을 넣는 경우와, 주문 주기를 정해서 정해진 수량만큼 주문을 넣는 경우가 있다. 전자와 같이 제품의 재고량을 연속적으로 조사하여 재고 수준이 일정한 수준에 도달될 주문을 넣는 경우를 연속관찰시스템이라고 하는데, 그 정해진 일정 재고 수준을 재주문점이라고 한다.

예제 11.

제품 A의 수요량이 매일 5단위씩 일정하며, 주문을 넣은 후 그 주문제품이 도착하는데 소요되는 시간은 4일이라고 한다. 그 제품 A는 재고 수준이 얼마가 될 때 주문을 넣는 것이 경제적인지 생각해 보자.
제품 A의 수요는 매일 5단위이고, 주문제품의 조달기간은 4일로 일정하므로 제품 A를 주문하게 되는 재고 수준, 즉 재주문점(Reorder Point: RoP)은 주문제품이 도착하기까지 사용할 수 있는 수량만큼 있어야 한다. 따라서 재주문점은 다음과 같다.

$$
\begin{aligned}
RoP &= \text{조달기간} \times \text{단위기간 동안의 수요량} \\
&= 4(\text{일}) \times 5(\text{단위/일}) \\
&= 20(\text{단위})
\end{aligned}
$$

즉, 제품 재고가 20단위가 남아 있을 때 주문을 넣어야 주문한 제품이 도착하기까지 품절이 발생하지 않게 되므로 재주문점은 20단위가 된다.
한편 수요량이 항상 일정하지 않을 수 있는데 수요의 불확실성에 대비하여 확보된 재고량, 즉 재고부족현상의 발생으로 인한 손실을 최소의 비용으로 방지하기 위해 확보하게 되는 재고량을 안전재고량이라고 한다. 조달기간이 일정하고 수요가 불확실하게 될 때 제품에 대한 재주문점은 다음과 같은 식을 통해서 얻어질 수 있다.

$$
\begin{aligned}
RoP &= \text{조달기간} \times \text{단위기간 동안의 평균소요량} + \text{안전재고량} \\
&= LT \times \bar{d} + SS
\end{aligned}
$$

여기서 LT는 조달기간(≤ad Time), $\bar{d}$ 는 단위기간 동안의 평균소요량, SS는 안전재고량을 나타낸다.

예제 12.

제품 A의 일평균수요량이 5단위이고 조달기간이 4일이라고 한다. 안전재고량이 10단위로 정해져 있다면 재주문점은 얼마인지 생각해 보자.

$$\begin{aligned} RoP &= LT \times \bar{d} + SS \\ &= 4(\text{일}) \times 5(\text{단위/일}) + 10(\text{단위}) \\ &= 30(\text{단위}) \end{aligned}$$

실무에서는 수요량과 리드타임이 항상 일정하지는 않고 대부분 변동한다. 예를 들면, 제품 A의 일 평균수요가 5단위이고 조달기간이 4일이라고 하면 조달기간 동안의 평균수요는 20단위가 되지만 실제수요는 달라질 수 있다.

예제 12에서는 조달기간 동안의 수요량이 불확실하기 때문에 재주문점을 결정할 때 안전재고를 고려하였다. 안전재고량은 경영자가 정하는 고객에 대한 서비스 수준을 고려하여 결정할 수 있다. 예를 들어서 고객이 제품을 구매하고자 할 때, 고객이 요구하는 제품을 항상 제공할 수 있는 수준을 95%로 정해 둔다면 그 제품의 서비스 수준은 95%가 되는 것이다. 즉, 서비스 수준을 95%로 설정한다는 것은 조달기간 동안 수요가 공급을 초과하지 않을 확률을 95%가 되게 한다는 것을 의미한다.

제품의 서비스 수준을 고려하여 안전재고량을 산출하려면 조달기간 동안의 제품 수요량 분포를 알아야 한다.

조달기간 동안의 수요가 정규분포를 한다고 가정하면 다음 그림과 같은 표현이 가능하다.

그림 5.6 조달기간 동안의 수요의 확률분포(정규분포 가정)

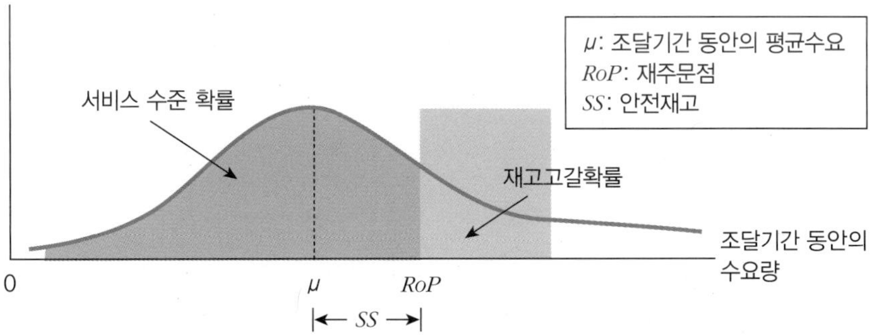

재주문점은 조달기간 중의 특정 서비스 수준을 달성하는 재고 수준으로 결정되며, 이는 조달기간 동안의 평균수요량에 안전재고량을 가산한 량이 된다. 안전재고량은 서비스 수준을 달성하기 위한 표준정규분포 계수 z와 조달기간 동안 수요의 표준편차를 곱하여 구한다. 즉, 재주문점은 다음과 같은 식으로 나타낼 수 있다.

$$RoP = \mu + SS$$

$$SS = z \cdot \sigma_{LT}$$

여기서 RoP: 재주문점
μ: 조달기간 동안의 평균수요
σ_{LT}: 조달기간 동안의 수요의 표준편차
SS: 안전재고
z: 특정 서비스 수준을 달성하기 위한 표준편차의 배수

예제 13.

제품 A의 수요는 조달기간 동안 평균수요량이 100단위, 수요에 대한 표준편차는 8단위인 정규분포를 따른다. 서비스 수준은 95%로 할 때 안전재고량과 재주문점을 결정해 보자. 표준정규분포에서 확률 95%에 해당되는 z의 값은 1.645(부록의 표준정규분포표 참조)이므로 조달기간 동안의 안전재고량 SS와 재주문점 RoP는 다음과 같다.

$$SS = z \cdot \sigma_{LT} = 4.645 \times 8 = 13.16 \cong 13$$

$$RoP = \mu + SS = 100 + 13 = 113(\text{단위})$$

예제 14.

제품 B의 일일 수요량은 평균 5, 표준편차 1.5인 정규분포를 따른다고 한다. 제품 B의 조달기간이 4일이라고 할 때, 서비스 수준을 95%로 하는 경우 조달기간 동안의 안전재고량과 재주문점을 계산해 보자. 먼저 조달기간 동안의 평균수요와 표준편차는 다음과 같다.

$\mu_{LT} = 5 \times 4 = 20$
$\sigma^2_{LT} = 4 \times 1.5^2 = 9,\ \sigma_{LT} = 3$

따라서 조달기간 동안의 안전재고량과 재주문점은 다음과 같이 된다.

$SS = z \cdot \sigma_{LT} = 1.645 \times 3 = 4.935 \cong 5$
$RoP = \mu_{LT} + SS = 20 + 5 = 25$(단위)

3.4 Two Bin 시스템

재고수준이 재주문점에 도달할 때마다 일정량씩 주문을 넣게 되는 재고관리시스템을 Q시스템이라고 한다. Q시스템의 특수한 형태로서 Two Bin 시스템이 있다. Two Bin 시스템은 재고금액이 저렴하여 다량의 재고를 확보하고 있다고 하여도 해당 자재의 재고금액이 경영상에 큰 부담이 되지 않는 경우에 적용한다.

이 시스템에서는 동일한 품목의 재고를 2개의 동일상자에 저장해 두고, 한 상자의 재고를 사용하다가 재고량이 재주문점에 이르게 되면, 재고 보충을 위한 주문이 이루어진다.

한편 한 상자의 재고가 바닥나면 다음 상자의 재고를 사용한다. 그러므로 대부분의 경우, 실제로는 두 개의 상자 중에서 한 개의 상자에 있는 재고만 사용하게 되며, 각 상자에 재주문점을 표시하여 재고관리를 수행한다.

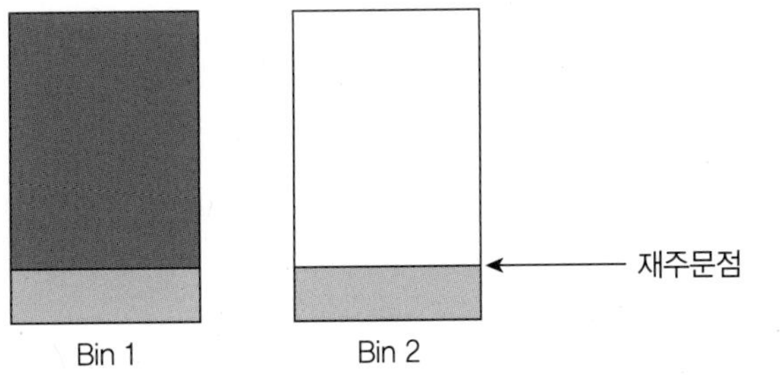

4. 고정주기 발주시스템

Q시스템에서는 재고조사를 수시로 실시하면서 재고 수준이 어느 일정량에 도달하게 되면 미리 정해 놓은 경제적 주문량 Q만큼씩 발주를 한다. 한편 고정주기 발주시스템(Fixed Period Order System: P시스템)에서는 일정 기간마다 정기적으로 발주를 하되, 미리 결정해 놓은 목표재고 수준에서 미달되는 양만큼씩 주문한다. 즉, 발주를 하게 되는 양은 (목표재고 수준−현재고 수준)이 되는 것이다. 수요가 일정하지 않고 항상 변동됨에 따라 주문량도 매번 달라진다.

P시스템에서 제품에 대한 주문은 기간을 정해서 주기적으로 이루어지며, 주문량은 일정한 시간, 즉 조달기간이 경과한 후 입고되고, 입고 수량은 주문 시점의 재고량과 목표재고 수준의 차이만큼이 된다. 즉, P시스템에서 주문량은 다음과 같이 구해진다.

$$Q_i = TIP - IP_i$$

여기서 Q_i : 기간 i의 주문량
TIP : 목표재고 수준
IP_i : 기간 i의 재고 수준

P시스템의 대표적인 사례는 소매점에서의 주문 방식에서 찾을 수 있다. 소매점 주인은 주기적으로 발주를 내되, 각 제품에 대한 재고를 파악한 후 필요량, 즉 목표재고량에서 미달되는 양만큼을 주문한다. P시스템을 다음 [그림 5.7]에 나타낸다.

그림 5.7 고정주기 발주시스템 예

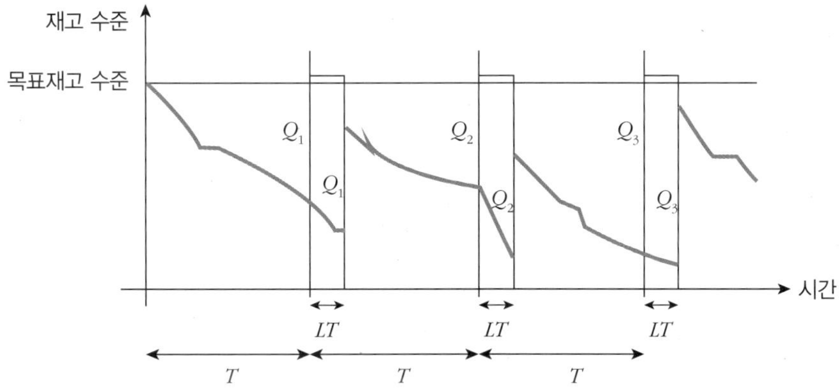

위 [그림 5.7]에서 보는 바와 같이 일정 시간간격 T마다 재고조사를 실시하고, 목표재고 수순과 현재고 수준의 차이인 Q_i만큼씩 주문한다. 주문된 수량 Q_i는 조달 기간 LT가 경과한 후에 보충된다.

한편 P시스템을 운영하려면 목표재고 수준과 재고조사 기간 T를 결정해야 한다. 재고조사는 주문 주기마다 이루어지므로 먼저 경제적 주문량 Q를 결정한 후 이를 연간 수요량 D로 나누어줌으로써 구할 수 있다. 즉, 주문간격 T는 다음 식과 같다.

$$T = \frac{Q}{D}(\text{년})$$

여기서, T: 주문간격
Q: 경제적 주문량
D: 연간 수요량

예제 15.

제품 A의 1회 주문량이 120단위이고 연간 수요량이 3,600단위일 때 주문간격 T를 결정하라. 단, 연간 영업일은 240일로 가정한다.

$$T = \frac{Q}{D} = \frac{120}{3,600}(\text{년}) = \frac{120}{3,600} \times 240(\text{영업일}) = 8(\text{영업일})$$

따라서 제품 A는 8일마다 120단위씩 주문한다.

목표재고 수준은 재고부족 현상이 발생되지 않도록 하는 최소한의 재고량이 되어야 하며, 따라서 목표재고 수준은 적어도 주문간격과 조달기간 동안의 제품 수요량보다 커야 재고부족 현상을 막을 수 있다. 따라서 목표재고 수준은 주문간격과 조달기간 동안의 평균 수요량으로 결정하며 다음 식과 같다.

$$TIP = d(T + LT)$$

여기서, d: 일 평균수요량
T: 주문간격
LT: 조달기간

예제 16.

제품 A의 조달기간은 4일이며 일 평균소요량이 5단위라고 한다. 주문간격이 8영업일이라고 할 때 목표재고 수준을 계산하라.

$$\begin{aligned} TIP &= d(T + LT) \\ &= 5(\text{단위/일}) \times (8(\text{일}) + 4(\text{일})) \\ &= 60(\text{단위}) \end{aligned}$$

한편 조달기간과 주문주기가 일정하다고 하더라도 일일 수요량은 항상 변하게 되므로 위의 식을 적용하여 목표재고 수준을 정하는 것에는 무리가 있다. 수요량이 변하는 경우에는 수요량의 평균과 표준편차를 계산한 후 정규분포를 가정하여 안전재고량을 계산한 후 이를 해당 기간 동안의 평균목표 수준에 가산하여 목표재고 수준을 계산한다.

예제 17.

제품 A의 일일 수요량이 평균 5, 표준편차 2인 정규분포를 따른다고 한다. 조달기간이 4일이고 8영업일마다 주문이 이루어진다고 할 때 서비스 수준 95%에 대한 목표재고 수준을 결정하라.

평균목표재고 수준은 조달기간 4일과 주문주기 8일을 합한 12일간의 평균수요량이 된다. 따라서 평균목표재고 수준은 다음 식과 같이 계산된다.

$$\begin{aligned}\overline{TIP} &= \bar{d}\,(T + LT)\\ &= 5 \times (4 + 8)\\ &= 60(\text{단위})\end{aligned}$$

한편 12일 동안 수요량에 변동이 있으므로 서비스 수준 95%를 고려하여 안전재고량을 계산하면 다음 식과 같다.

$$\begin{aligned}SS &= z \cdot \sqrt{(T + LT) \cdot \sigma_1^2}\\ &= 1.645 \times \sqrt{12 \times 2^2}\\ &\cong 11\end{aligned}$$

따라서 목표재고량은

$$\begin{aligned}TIP &= \overline{TIP} + SS\\ &= 60 + 11\\ &= 71\end{aligned}$$

이 된다.

5. 단일기간 재고모형

어떤 품목은 단일기간 동안에만 한정하여 수요가 발생한 후, 일정 시간이 경과한 후에는 수요가 전혀 발생하지 않음으로써 소비되지 않은 품목의 재고 수량은 전량 처분해야 하는 것이 있다. 예를 들면, 제과점에 진열된 과자류나 케이크, 주간 단위로 발행되는 잡지류, 크리스마스 트리에 사용되는 전나무나 소나무 등이 그 예이다. 가판대에서 판매되는 신문 역시 해당 날짜에 팔리지 않으면 폐휴지로 처분되어야 함으로, 이런 종류에 대한 재고관리 문제를 단일기간 재고관리 문제(Newspaper Problem)라고 한다.

단일기간 재고관리 문제를 해결하는 데에는 많은 어려움이 따른다. 즉, 너무 많은 재고를 확보하게 되면 팔리지 않는 재고를 전량 헐값으로 처분하거나 처분비용이 추가되어 폐기하여야 하는 문제가 따르므로 손실이 발생하고, 너무 적은 재고를 확보하면 제품의 품절로 인해 팔 수 있는 기회를 놓치게 됨으로 팔 수 있는 기회를 놓치게 되는 손실이 따르게 된다.

가장 적절한 재고, 즉 가장 많은 이익을 낼 수 있는 재고수량의 결정을 위해 먼저 다음의 예를 이용하여 설명한다.

예제 18.

매주 발간되는 잡지를 판매하는데 지금까지의 주간 판매자료에 근거하여 주문량을 결정하고자 한다. 지난 1년간의 판매 자료를 분석한 결과가 다음과 같을 때 주문량을 얼마로 하는 것이 가장 큰 이익을 낼 수 있는지 계산해 보자. 잡지의 권당 판매가격은 1,000원이며, 주문가격은 600원이다. 그리고 잡지가 해당 주에 판매되지 않는 경우에는 전량 권당 100원씩 받고 재활용센터에 보내진다.

표 5.4 판매수량과 판매확률 예

판매수량	10	11	12	13	14	15	16
판매확률	0.05	0.10	0.25	0.30	0.10	0.15	0.05

풀이

잡지 1부를 판매할 때의 수익: PF

$$PF = 1,000 - 600$$
$$= 400(\text{원})$$

잡지 1부가 팔리지 않고 처분될 때의 손실: LF

$$LF = 600 - 100$$
$$= 500(\text{원})$$

1) 10부를 주문할 때의 손익

10부를 주문할 때 전량 소진될 확률은 1.0(= 10부 판매 확률 + 11부 판매 확률 + … 16부 판매 확률)이 됨으로 기대이익 $EX(PF_{10})$은

$$EX(PF_{10}) = (\text{판매가격} - \text{구매가격}) \times 10\text{부}$$
$$= (1,000 - 600) \times 10$$
$$= 4,000(\text{원})$$

이 된다.

2) 11부를 주문할 때의 손익

11부를 주문할 때의 기대이익은 11부 전량 소진될 때의 이익과 11부가 다 소진되지 않을 때 입게 될 손실을 가산함으로 얻을 수 있다. 11부 전량 소진될 확률은 0.95(= 11부 판매확률 + 12부 판매 확률 + … + 16부 판매확률)이 되고, 11부가 전량 소진되지 않고 10부가 소진될 확률은 0.05(= 1 − 0.95)가 된다. 따라서 기대이익 $EX(PF_{11})$는 다음과 같다.

$$EX(PF_{11}) = \text{10부의 수요가 발생할 때의 기대이익(또는 손실)}$$
$$+ \text{11부 이상의 수요가 발생할 때의 기대이익(또는 손실)}$$

10부의 수요가 발생할 확률은 0.05이며, 그때의 기대이익(또는 손실)

$$= 10 \times (\text{판매가격} - \text{구매비용}) + 1 \times (\text{구매비용} - \text{잔존가치}) \times 0.05$$
$$= (10 \times 400) + \{1 \times (-500) \times 0.05\}$$
$$= 175$$

11부 이상의 수요가 발생할 확률은 0.95이므로 그때의 기대이익(또는 손실)

= 11×(판매가격 − 구매비용)×0.95

= 11×(1,000 − 600)×0.95

= 4,100(원)

따라서 11부 주문 시 얻게 될 기대이익 $EX(PF_{11})$은

$EX(PF_{11})$ = 175 + 4,100

= 4,275(원)

이 된다.

3) 12부를 주문했을 때의 손익

12부를 주문했을 때의 기대이익은 12부 미만의 수요가 발생할 때의 기대이익(또는 손실)과 12부 이상의 수요가 발생할 때의 기대이익(또는 손실)의 합이 된다. 먼저 12부 미만의 수요가 발생하는 경우는 12부의 수요가 발생하는 경우와 11부의 수요가 발생하는 경우가 있으므로

12부 미만 수요 발생 시 기대이익 = 10부의 수요 발생 시 기대이익 + 11부수요 발생 시 기대이익

= (10×400) + {2×(−500)×0.05} + (11×400) + {1×(−500)×0.01}

= 150 + 390 = 540

12부 이상 수요 발생 시 기대이익(또는 손실)은 현재 확보한 수량 12부 전량이 판매되는 경우이므로 그 확률은 0.85이다. 따라서 기대이익은 다음과 같다.

12부 이상의 수요 발생 시 기대이익은

= 12×400×0.85

= 4,080

따라서 12부를 주문했을 때의 기대이익은

$EX(PF_{12})$ = 540 + 4,080

= 4,620(원)

이 된다

4) 13부를 주문할 경우의 기대이익

13부를 주문할 때 각 수요가 발생할 경우의 기대이익은 다음과 같다.

10부의 수요 발생 시 기대이익 = $(10\times400) + \{3\times(-500)\times0.05\} = 125$

11부의 수요 발생 시 기대이익 = $(11\times400) + \{2\times(-500)\times0.10\} = 340$

12부의 수요 발생 시 기대이익 = $(12\times400) + \{2\times(-500)\times0.25\} = 1,075$

13부 이상의 수요 발생 시 기대이익 = $13\times400\times0.60 = 3,120$

따라서 13부를 주문할 경우의 기대이익은

$$EX(PF_{13}) = 125 + 340 + 1,075 + 3,120$$
$$= 4,660(\text{원})$$

이 된다.

5) 14부를 주문할 경우의 기대이익

14부를 주문 할 때 각 수요가 발생할 경우의 기대이익은 다음과 같다.

10부의 수요가 발생할 경우의 기대이익 = $(10\times400) + \{4\times(-500)\times0.05\}$ $= 100$

11부의 수요가 발생할 경우의 기대이익 = $(11\times400) + \{3\times(-500)\times0.10\}$ $= 290$

12부의 수요가 발생할 경우의 기대이익 = $(12\times400) + \{2\times(-500)\times0.25\}$ $= 950$

13부의 수요가 발생할 경우의 기대이익 = $(13\times400) + \{1\times(-500)\times0.30\}$ $= 1,410$

14부 이상의 수요가 발생할 경우의 기대이익 = $14\times400\times0.3 = 1,680$

따라서 14부를 주문할 경우의 기대이익은

$$EX(PF_{14}) = 100 + 209 + 950 + 1,410 + 1,680$$
$$= 4,230(\text{원})$$

이 된다.

6) 15부를 주문할 경우의 기대이익

15부를 주문할 때 각 수요가 발생할 경우의 기대이익은 다음과 같다.

10부의 수요가 발생할 경우의 기대이익 = (10×400) + {5×(−500)×0.05}
= 75

11부의 수요가 발생할 경우의 기대이익 = (11×400) + {4×(−500)×0.10}
= 240

12부의 수요가 발생할 경우의 기대이익 = (12×400) + {3×(−500)×0.25}
= 206

13부의 수요가 발생할 경우의 기대이익 = (13×400) + {2×(−500)×0.30}
= 1,260

14부의 수요가 발생할 경우의 기대이익 = (12×400) + {1×(−500)×0.10}
= 510

15부 이상의 수요가 발생할 경우의 기대이익 = 15×400×0.2 = 1,200

따라서 15부를 주문할 경우의 기대이익은

$EX(PF_{15})$ = 75 + 240 + 206 + 1,260 + 510 + 1,200
= 3,491(원)

이 된다.

7) 16부를 주문할 경우의 기대이익

16부를 주문할 때 각 수요가 발생할 경우의 기대이익은 다음과 같다.

10부의 수요가 발생할 경우의 기대이익 = (10×400) + {6×(−500)×0.05}
= 50

11부의 수요가 발생할 경우의 기대이익 = (11×400) + {5×(−500)×0.10}
= 190

12부의 수요가 발생할 경우의 기대이익 = (12×400) + {4×(−500)×0.25}
= 700

13부의 수요가 발생할 경우의 기대이익 = (13×400) + {3×(−500)×0.30}
= 1,110

14부의 수요가 발생할 경우의 기대이익 = (14×400) + {2×(−500)×0.10}
= 460

15부의 수요가 발생할 경우의 기대이익 = $(15 \times 400) + \{2 \times (-500) \times 0.15\}$

$= 825$

16부 이상의 수요가 발생할 경우의 기대이익 = $16 \times 400 \times 0.05 = 320$

따라서 16부를 주문할 경우의 기대이익은

$$EX(PF_{16}) = 50 + 190 + 700 + 1,110 + 460 + 825 + 320$$
$$= 3,655(\text{원})$$

이 된다.

위의 7가지 경우에서 볼 때 기대이익이 가장 큰 것은 13부를 주문할 경우이며 그때의 기대이익은 4,660원이다.

지금까지 설명한 방법은 계산시간이 많이 소요되므로 한계분석법을 이용하여 기대이익을 가장 크게 하는 경우의 주문량 결정 방법을 설명한다.

용어의 정의

· MP(Marginal Profit): 한계이익으로써 제품에 대한 수요가 발생할 경우 얻게 되는 이익을 말한다.

· ML(Marginal Loss): 한계손실로써 제품에 대한 수요가 발생하지 않을 경우 입게 될 손실을 말한다.

p: 제품 수요가 발생할 확률을 말한다.

$1 - p$: 제품 수요가 발생하지 않을 확률을 말한다.

제품수요가 발생할 때의 기대이익 = $p \cdot MP$

제품수요가 발생하지 않을 때의 기대손실 = $(1 - p) \cdot ML$

판매자의 입장에서는 기대이익이 기대손실보다 크게 되는 한 주문량을 계속 늘려나가는 것이 유리하다. 즉, 제품 수요가 발생할 확률 p가 기대이익이 기대손실보다 크게 되는 데까지 주문량을 확보하는 것이 이익을 극대화하는 것임을 알 수 있다. 이를 식으로 나타내면 다음 과 같다.

$$p \cdot MP \geq (1 - p) \cdot ML$$

위 식을 정리하여 제품 수요가 발생할 확률을 구하면

$$p \cdot MP \geq (ML - p \cdot ML)$$

$$p(MP + ML) \geq ML$$

$$p \geq \frac{ML}{MP + ML}$$

즉, 제품 수요가 발생할 확률이 위 식을 만족할 때까지 주문량을 늘리는 것이 이익을 크게 한다. 왜냐하면 p의 값이 위의 식을 만족하는 한 기대이익이 기대손실을 크게 해 주기 때문이다.

예제 19.

예제 18을 한계분석법을 이용하여 기대이익을 최대로 하는 주문량을 결정하라.
판매가격이 1,000원, 구매가격이 600원, 그리고 잔존가치가 100원이므로 한계이익와 한계손실 은 각각 다음과 같다.

$$MP = 1,000 - 600 = 400$$

$$ML = 600 - 100 = 500$$

따라서 기대이익을 최대로 하게 하는 수요발생확률 p를 구하면 다음과 같다.

$$p \geq \frac{ML}{MP + ML} = \frac{500}{400 + 500} = 0.56$$

즉, 제품수요의 발생확률이 0.56 이상이 될 때까지 주문량을 늘릴 때 이익을 가장 크게 한다.
판매수량에 따른 판매누적확률은 다음 표와 같다.

표 5.5 예제 18의 판매 수량에 따른 판매확률 및 누적확률 예

판매수량	10	11	12	13	14	15	16
판매확률	0.05	0.10	0.25	0.30	0.10	0.15	0.05
누적확률	1.00	0.95	0.85	0.60	0.30	0.20	0.05

한편 13단위의 재고를 확보할 때, 13단위가 팔리게 될 누적확률은 0.6으로써 0.56보다 크지만 14단위를 확보할 때에는 0.3으로써 0.56보다 낮아지게 됨으로 13단위의 재고를 확보하는 것, 즉 주문량을 13단위로 할 때 기대이익을 최대화함을 알 수 있다.

연습문제

01 A사에서는 소형 컴퓨터에 사용되는 부품 G를 매년 100,000단위씩 구매하여 전량 사용해 왔다. 부품 G의 단위당 비용은 1,000원이고, 사용하고 남은 재고를 보관하는 데에는 단위당 매년 50원씩 지급된다. 부품 G를 1회 주문하는 데에는 5,000원의 비용이 들어간다고 할 때 다음 물음에 답하시오. A사의 연간 근무일은 250일이다.

물음 1. 경제적 주문량을 계산하시오.

물음 2. 연간 주문횟수를 계산하시오.

물음 3. 주문은 얼마 만에 이루어지게 되는지 계산하시오.

물음 4. A사가 부품 G의 구매 및 사용을 위해 지급하게 되는 연간 총비용을 계산하시오.

02 T장난감트럭제조사는 덤프트럭을 조립하기 위하여 연간 48,000개의 타이어를 생산, 사용하고 있다. 생산율은 1일 800개이고, 덤프트럭은 연중 연속으로 조립된다. 타이어 생산 착수를 위해 소요되는 비용은 45달러이고, 재고를 보관하는데 소요되는 비용은 연간 단위당 1달러이다. 이 회사의 연간 근무일이 240일 일 때 다음 물음에 답하시오.

물음 1. 한번 생산에 착수하게 되는 최적 생산수량을 결정하시오.

물음 2. 재고보관과 생산착수 준비를 비용의 합을 계산하시오.

물음 3. 타이어 생산주기를 계산하시오.

물음 4. 최적생산수량의 생산시간을 계산하시오.

03 L병원관리부서에서는 매년 클린저를 816단위를 사용하고 있다. 주문비용은 12,000원이고 재고보관을 위해서는 연간 단위당 4,000원이 소요된다. 주문가격은 1회 주문단위마다 다음과 같은 차이가 있다고 할 때 최적주문수량과 총비용을 계산하라.

주문범위(개)	가격(달러)
1~49	20,000
50~79	18,000
80~99	17,000
100 이상	16,000

04 S전기회사에서는 매년 4,000단위의 토글스위치를 사용한다. 스위치를 구매하는 가격은 주문수량에 따라 차이가 있다.

주문범위(단위)	가격(원)
1~499	9,000
500~999	8,500
1,000 이상	8,000

주문비용은 1회 30,000원이고, 재고보관비용은 연간 단위당 제품가격의 40%라고 할 때 최적주문량과 총비용을 계산하라.

05 S사는 노트북에 기본적으로 제공되는 케이스를 매년 300,000단위씩 구매하여 사용하고 있다. 연간 근무일은 250일이며 케이스를 주문하게 되면 5일 후에 입고가 완료된다고 한다면 케이스의 재주문점은 어떻게 되는지 결정하시오.

06 어느 기프트샵에서 크리스마스와 연말에 판매하기 위하여 트리용 전나무를 주문하려고 한다. 전나무는 25,000원에 판매될 예정이며, 한 그루 구매 가격은 10,000원이다. 그리고 팔지 못하게 되면 군밤장사에게 땔감용으로 한 그루당 1,000원씩 판매하기로 되어 있다. 지난 수년간 이 기프트샵에서 전나무를 판매한 자료가 다음과 같을 때, 이 기프트샵에서는 몇 그루의 전나무를 준비해 두어야 가장 큰 수익을 낼 수 있을지 제시하시오.

판매량	10	11	12	13	14	15	계
확률	0.05	0.30	0.20	0.15	0.15	0.15	1.00

부록. 표준정규분포표 $P(Z \leq z_{\alpha}) = \alpha$

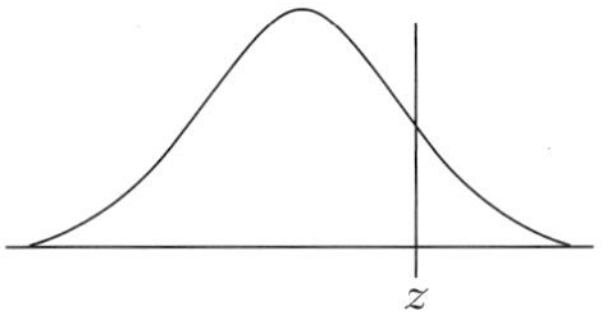

z	소숫점 둘째 자리									
	0.00	0.01	0.02	0.03	0.04	0.05	0.06	0.07	0.08	0.09
0.0	0.5000	0.5040	0.5080	0.5120	0.5160	0.5199	0.5239	0.5279	0.5319	0.5359
0.1	0.5398	0.5438	0.5478	0.5517	0.5557	0.5596	0.5636	0.5675	0.5714	0.5753
0.2	0.5793	0.5832	0.5871	0.5910	0.5948	0.5987	0.6026	0.6064	0.6103	0.6141
0.3	0.6179	0.6217	0.6255	0.6293	0.6331	0.6368	0.6406	0.6443	0.6480	0.6517
0.4	0.6554	0.6591	0.6628	0.6664	0.6700	0.6736	0.6772	0.6808	0.6844	0.6879
0.5	0.6915	0.6950	0.6985	0.7019	0.7054	0.7088	0.7123	0.7157	0.7190	0.7224
0.6	0.7257	0.7291	0.7324	0.7357	0.7389	0.7422	0.7454	0.7486	0.7517	0.7549
0.7	0.7580	0.7611	0.7642	0.7673	0.7704	0.7734	0.7764	0.7794	0.7823	0.7852
0.8	0.7881	0.7910	0.7939	0.7967	0.7995	0.8023	0.8051	0.8078	0.8106	0.8133
0.9	0.8159	0.8186	0.8212	0.8238	0.8264	0.8289	0.8315	0.8340	0.8365	0.8389
1.0	0.8413	0.8438	0.8461	0.8485	0.8508	0.8531	0.8554	0.8577	0.8599	0.8621
1.1	0.8643	0.8665	0.8686	0.8708	0.8729	0.8749	0.8770	0.8790	0.8810	0.8830
1.2	0.8849	0.8869	0.8888	0.8907	0.8925	0.8944	0.8962	0.8980	0.8997	0.9015
1.3	0.9032	0.9049	0.9066	0.9082	0.9099	0.9115	0.9131	0.9147	0.9162	0.9177
1.4	0.9192	0.9207	0.9222	0.9236	0.9251	0.9265	0.9279	0.9292	0.9306	0.9319
1.5	0.9332	0.9345	0.9357	0.9370	0.9382	0.9394	0.9406	0.9418	0.9429	0.9441
1.6	0.9452	0.9463	0.9474	0.9484	0.9495	0.9505	0.9515	0.9525	0.9535	0.9545
1.7	0.9554	0.9564	0.9573	0.9582	0.9591	0.9599	0.9608	0.9616	0.9625	0.9633
1.8	0.9641	0.9649	0.9656	0.9664	0.9671	0.9678	0.9686	0.9693	0.9699	0.9706
1.9	0.9713	0.9719	0.9726	0.9732	0.9738	0.9744	0.9750	0.9756	0.9761	0.9767
2.0	0.9772	0.9778	0.9783	0.9788	0.9793	0.9798	0.9803	0.9808	0.9812	0.9817
2.1	0.9821	0.9826	0.9830	0.9834	0.9838	0.9842	0.9846	0.9850	0.9854	0.9857
2.2	0.9861	0.9864	0.9868	0.9871	0.9875	0.9878	0.9881	0.9884	0.9887	0.9890
2.3	0.9893	0.9896	0.9898	0.9901	0.9904	0.9906	0.9909	0.9911	0.9913	0.9916
2.4	0.9918	0.9920	0.9922	0.9925	0.9927	0.9929	0.9931	0.9932	0.9934	0.9936
2.5	0.9938	0.9940	0.9941	0.9943	0.9945	0.9946	0.9948	0.9949	0.9951	0.9952
2.6	0.9953	0.9955	0.9956	0.9957	0.9959	0.9960	0.9961	0.9962	0.9963	0.9964
2.7	0.9965	0.9966	0.9967	0.9968	0.9969	0.9970	0.9971	0.9972	0.9973	0.9974
2.8	0.9974	0.9975	0.9976	0.9977	0.9977	0.9978	0.9979	0.9979	0.9980	0.9981
2.9	0.9981	0.9982	0.9982	0.9983	0.9984	0.9984	0.9985	0.9985	0.9986	0.9986
3.0	0.9987	0.9987	0.9987	0.9988	0.9988	0.9989	0.9989	0.9989	0.9990	0.9990
3.1	0.9990	0.9991	0.9991	0.9991	0.9992	0.9992	0.9992	0.9992	0.9993	0.9993
3.2	0.9993	0.9993	0.9994	0.9994	0.9994	0.9994	0.9994	0.9995	0.9995	0.9995
3.3	0.9995	0.9995	0.9995	0.9996	0.9996	0.9996	0.9996	0.9996	0.9996	0.9997
3.4	0.9997	0.9997	0.9997	0.9997	0.9997	0.9997	0.9997	0.9997	0.9997	0.9998
3.5	0.9998	0.9998	0.9998	0.9998	0.9998	0.9998	0.9998	0.9998	0.9998	0.9998
3.6	0.9998	0.9998	0.9999	0.9999	0.9999	0.9999	0.9999	0.9999	0.9999	0.9999
3.7	0.9999	0.9999	0.9999	0.9999	0.9999	0.9999	0.9999	0.9999	0.9999	0.9999
3.8	0.9999	0.9999	0.9999	0.9999	0.9999	0.9999	0.9999	0.9999	0.9999	0.9999
3.9	1.0000	1.0000	1.0000	1.0000	1.0000	1.0000	1.0000	1.0000	1.0000	1.0000

찾아보기

[ㅊ]

[ㅍ]

[ㅎ]

[기타]

〈저자약력〉

김 정

한양대학교 공과대학 산업공학과 학사, 석사, 박사(공학박사)
오뚜기식품 주식회사 생산관리과 근무
현재 신안산대학교 산업경영과 교수

자재 · 재고관리 – 이론과 실제 – 【정가 : 15,000원】

2019년 8월 20일 1판 1쇄 인쇄
2019년 8월 25일 1판 1쇄 발행

저 자 김 정
발행인 채 규 호

발행처 **무 역 경 영 사**

서울특별시 영등포구 양평로 21길 26(2504호)
전 화: (02)719-3621~4
FAX: (02)719-3625
E-mail: muyok@unitel.co.kr
홈페이지: www.muyokpub.co.kr/

등록: 1992년 2월 19일 제10-675호

ISBN 978-89-468-0699-3